Anthropology of Religion
A Cultural Study of Anthropologism

宗教人类学
——人本主义的文化研究

吴　雁◎著

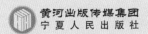
黄河出版传媒集团
宁夏人民出版社

图书在版编目（CIP）数据

宗教人类学：人本主义的文化研究 / 吴雁著 . —银川：
宁夏人民出版社，2018.11
ISBN 978-7-227-06974-4

Ⅰ . ①宗…　Ⅱ . ①吴…　Ⅲ . ①宗教学—人类学—研究
Ⅳ . ① B920

中国版本图书馆 CIP 数据核字（2018）第 251557 号

宗教人类学——人本主义的文化研究　　　　　　　　　吴　雁　著

责任编辑　丁丽萍　李彦斌
责任校对　陈　晨
封面设计　沈家菡
责任印制　肖　艳

 黄河出版传媒集团
宁夏人民出版社　出版发行

地　　址　宁夏银川市北京东路 139 号出版大厦（750001）
网　　址　http://www.yrpubm.com
网上书店　http://www.hh-book.com
电子信箱　nxrmcbs@126.com
邮购电话　0951-5052104　5052106
经　　销　全国新华书店
印刷装订　宁夏凤鸣彩色印务有限公司
印刷委托书号　（宁）0007226

开　　本　787 mm×1092 mm　　　1/16
印　　张　12.75　字　　数　170 千字
版　　次　2018 年 11 月第 1 版
印　　次　2018 年 11 月第 1 次印刷
书　　号　ISBN 978-7-227-06974-4
定　　价　48.00 元

前　言

　　人类学成为一门独立学科最具意义的表现是：人们的知识积累自此不仅仅表达着对知识的探索、接受和承继，同时还显示为对一门学科的研究——对人类文化、人本身及对其具实用性活动进行的科学研究，从而为人理解自身和社会生活、建构意义、造福他人提供理论指南。

　　人类学的建立，特别是前期以宗教文化，后期从人本主义出发对宗教实践活动进行研究的宗教人类学，更是自始至终围绕着人。其研究方法和思考核心也必然不能不去考虑人类及其思维（心理）与行为的影响和作用，或者说这一部分是宗教人类学研究中的核心内容。

　　谈到从"人"出发和对人类所具有的实践作用，迄今为止，没有什么比"人本主义"这个名词更具有哲学的概括性了。当然，所谓的"人本主义"说起来并不简单，单就其历史而言已很复杂，说它历时性有之，共时性更亦有之，这是一个极其宽容的文化概念。从历史上讲，比较广为人知的是 14 世纪文艺复兴运动中的人本主义思潮及理论，继而是近代哲学家费尔巴哈的"人类学主义"（也译为人本主义：Anthropologismus）理论，但这都不足以代表不断发展的对于"人本主义"的认识和表达。随着近现代，特别是 20 世纪 70 年代以来人类学的不断发展，现今的人本主义基础与内容更加多元化，具有多学科的融合性，已经不再是一个孤立的概念。姑且不论哲学人本主义的流派，单说宗教人类学的"结构主义"就是一种新的"人本主义"，更有文本阐释学、弗洛伊德主义的马克思主义和新精神分析学等不同人本视角的探索和表达。

将宗教学与人类学放在一起综合研究，本身就是对宗教现象与经验的人本主义观照。之所以特别强调上述问题，只是因为结构人类学在寻求结构的过程中，常被人诟病为抛弃了人本主义。而结构主义及其释义学对宗教人类学研究具有的历史性意义则是此领域内广为人知的——在某种程度上，结构人类学试图在"表象"中寻求本质，这种寻求必然潜藏于某种类似"人声"的载体上（文化），这种依凭，怎么可能完全地抛开人这个主体及与人的联系呢！再如，若是结构的寻求与自然科学对于本质的揭示同为科学的过程，那么这个过程表象可能是完全不同的。人类学对于人的价值的特点是与人的"存在"密切相连的，而科学对于人类的价值是与"物"（"物之理"，或规律）分不开的。这样的一个"人本"，既理性又不失人的价值的最大化。如同我们重新回顾威廉·詹姆斯的《实用主义》，这可能会和很多年前意识形态的主流观点有很大不同。在新的时代，我们可以在科技与社会文明发展的前提下了解世界和人类的知识，以新的视角思考什么是真正的人本，以及它与实用主义的真正关系；或者干脆直接地表明，宗教人类学是真正的人本主义，它最有可能的表现是具有人文核心的实用价值。

在宗教人类学的研究道路上，有一段不凡的发展历程，然而列维－斯特劳斯之于前者的效用至今还让此学科的研究荡气回肠——这不仅是一种研究方法的诠释，更是一种对于人类学研究思想的解放，对于人类心灵结构的直觉，或者说内逻辑的发现。当然说"发现"还是很不确切的，因为我们甚至可将所说的"结构"和"结构主义"等相关的意识回溯到它被"发现"之前，虽然那个时候它的名称还非如此，甚至内容也可能有其他的理论前提。但无论如何，"结构"和"结构主义"并不是突然出现的，它依然是人类思想的一个延续性扩展。

拉德克利夫－布朗认为："在每一种人类社会里都必然存在不同的，

或从某种意义上说是矛盾的两种对自然的认识。一种是自然主义，这种认识在技术领域是无可争议的，并且在 20 世纪欧洲文化中，自然主义的认识，在我们的思想意识中已经明显占据了优势。另一种认识可以被称之为神话的或宗教的，这种认识无疑是存在于神话和宗教中，当然也常见于哲学中。"①这种说法有它的意义。首先，它可以表达斯特劳斯认为的矛盾自始至终存在于人类意识结构本身的观点（当然这一点可以回溯到黑格尔的内逻辑中寻觅些许痕迹），或者说，人类的意识是一个动态的平衡，因此种平衡的必然性，故而自然主义的认识与神话或宗教的认识事实上处于一种相互制衡的关系，而制衡的关键在于互补。由此可见，"心灵所具有的实用意义则比与这些意义联系的对象所具有的还要多"②。其次，自然主义或者并不必然需要借助于更多的语言（或说"人声"③）作为中介，但后者——神话的或宗教的认识——则需要以某种"人声"的载体来达成对于自然的认识。所以说，自然主义的认识一直以来都被看作是"科学"的认知过程，以理性成分居多。而神话和宗教的认识对于斯特劳斯的思想来说，则是一种人类无意识对于理性认识在自身无法平衡时产生的弥补性发展。这种弥补当然也是制衡。可见，如果不以理性或理智主义为目的，而是以认识世界为目的，那么我们的视野就会开阔多了。

说到这里，学术研究，或者说人类的语言，很多时候我们并不完全知道它要讨论的是什么。从巴门尼德以来，哲学和宗教学的研究就往往试图"真正"地定义一些事物，特别是对于"存在"。人们发现在讨论一个问题

---

① 〔英〕布赖恩·莫里斯著：《宗教人类学》，周国黎译，今日中国出版社 1992 年版，作者原序第 1 页。

② 〔法〕克洛德·莱维–斯特劳斯著：《结构人类学》，上海译文出版社 1995 年版，第 196 页。

③ 参看〔英〕厄内斯特·盖尔纳在《论结构主义》一文（王立秋译）中的描述："现代结构主义……在一种类似于人声的（媒介）中说话……"

之前，对它先行定义，确是发现问题的前提。只有如此，人们才能知道它们／他们的边界在哪里，也才能发现解决问题的核心价值是什么。

至于什么样是"真正"的（与事实相符的），"从唯理的理智主义观点来看，这些问题是没有真正的答案的，因为先验的考查不能决定一个自称的价值，决定它的有效与否是需要经验的"①。德里达否认逻各斯中心主义，因为内外不可能同时存在，故而认为逻各斯中心主义有问题。②这里除了要再次明确他所讨论的结构本身，还要考虑逻辑的适用性。以斯特劳斯的角度来看，意识本来就存在着两种截然不同的，或者说矛盾的东西。说到底，关键不在于否认，而在于如何思维。不过我们也从中看到了对于逻各斯证明和逻辑的混乱、暧昧。当然德里达，或者说相当多的哲学家们实际上不得不以新的名词取代旧的内容。我们的确不适宜于再讲逻各斯和逻各斯中心主义，因为它的价值——对人的价值，对人的文化的价值无法再行估量。但我们发现结构似乎是一个再好不过的概念了，因为它同样是理智主义的，或者说是试图与经验主义划清界限的新概念。当然这个新的说法也离不开当代对结构主义的再造和延展，并且它还弥补了逻各斯无法涉及的区域——人们开始注重事物之间的关系及研究关系背后的结构，而不再把注意力放在事物本身及研究其先验的本质逻各斯了。

众所周知，自索绪尔之后，语言学已将人类学的发展向前推进了一大步，人类学家甚至认为，语言之外不存在结构。对于语言的理解，对于人类学意义的理解是一个非常重大的主题，特别是作为具有宗教性的文化的人类学——宗教人类学的研究更是如此。约翰·斯特罗克写道："胡塞尔曾经对几何学的观念客观性（即不依赖于任何历史事件和经验事

---

①〔英〕F.C.S.席勒著：《人本主义研究》，麻乔志等译，上海人民出版社 1966 年版，第 3 页。
②佟立著：《西方后现代主义哲学思潮研究》，天津人民出版社 2003 年版，第 225 页。

件的几何学'规律'）及其经验历史存在（即单个人提出的几何学规律或证据）之间的关系非常感兴趣，并对作为几何学家思想的几何学如何转变成作为观念对象的几何学这样的问题作出了如下解答：语言，特别是书写，连同它的非个人性，共同构成了上述可能性的条件。"①这里说的"书写"只是我们运用"语言"的一种方式，在"书写"的过程中既反映着结构对事物关系的建构，同时还表达着"语言"本身的微妙作用——同时回答且表现着它要回答的问题。可是语言并非仅限于书写，文字和声音，有时甚至是视觉的表达，更多的时候是复杂的和让人纷乱的。正如德勒兹分析所说："如果说语言似乎总是预设着自身，如果说我们不能确定一个非语言的出发点，那正是因为语言并非运作于被看到（或被感觉）的事物和被说出的事物之间，而总是从言说到言说。从这方面来看，我们相信，叙述不在于传达人们所看到的东西，而在于传达人们所听到的东西，即另外一个人向你说的。"②这里从语言到言语的区别显然不再像以往人们所认为的那么"明确"了，因为"言语不再能仅仅被界定为对于一种原初的意义所进行的具体的、外在的运用，或对于一种先在的句法所进行的可变的运用；相反，对语言的意义和句法的界定不能独立于它所预设的言语行为"③。

　　既然如此，当我们在"类似人声的（媒介）中说话"的时候，一种言语的延展行为/现象出现了，这里，语言的结构足以说明言语行为。虽然我们不能回答德勒兹的问题：沟通性的语言是否比信息性的语言更好？但我们能够明确地回答，沟通性的语言的确比信息性的语言更适合"文化"。如上的言语行为其实就是"文化"的萌生，"文化"是语言的

---

①〔英〕约翰·斯特罗克编：《结构主义以来：从列维–斯特劳斯到德里达》，渠东、李康、李猛译，辽宁教育出版社1998年版，第184页。

②③〔法〕德勒兹、加塔利著：《资本主义与精神分裂（卷二）：千高原》，姜宇辉译，上海书店出版社2010年版，第103、105页。

建构，但却不限于此。如果我们注意到"语言"的两个特征（如前所述），文化的内容便更丰富。盖尔纳所理解的结构主义是人的心灵的结构主义，或是智识的结构主义，但他摒弃了人对环境探究而建构的那一部分意识和知识文化，而后者同样是心灵智识的对象，同样需在"人声的（媒介）中说话"，并且后者的认知是前者构建及认知的现象和基础；或者说，结构主义终归要回到理性的形而上学中去，而理性的形而上其实也是自然科学认知的基础。其实我们是否可以提问，结构是否也如同意识中的矛盾，同时存在着两种不同性质的结构？或者结构具有这样的形态，从整体上看，它同时会有两种完全不同的表达方式？我们的意思其实是：是否结构必然要矛盾地、有意和无意地、理性和无意识地呈现它自身的某种特征，看上去是不符合逻辑的，但却并非能用我们现在的逻辑形式解释和说明，但具有结构自身的逻辑？

乔治·桑塔亚纳认为："如果我们论述的是一种科学，那么，这种矛盾就应该被立即解决和消除，但当我们面对的是生活经验的诗性阐释时，矛盾仅仅意味着各种变化，变化又意味着自发性、丰富的源泉以及对总体正确性的愈加接近。"①事实上，我们在宗教人类学的经典研究案例中，特别是在民间萨满的案例中往往会发现这样的情形：有一些社区公认的"非正常者"（意识状态的非正常）会寻求萨满的治疗，而萨满通过本身的一系列在一定范围的群体意识中被认为行之有效的"程序"（仪式体系）操作，使被治疗者得到身心的宣泄。事实上，这个所谓的"宣泄"就是在既定的结构（预设情境，不一定是元结构，也许是次级或三级等）里，由引导者（萨满或巫师）通过预定的操作及表现使被治疗者在情绪充分表达的同时尽可能彻底地融入结构。这里涉及的是关于结构的理论

---

① 〔美〕乔治·桑塔亚纳著:《宗教中的理性》,犹家仲译,北京大学出版社 2008 年版,第 12 页。

与达成结构外在表象的实践的结合。这个结合才是存在意义上的真正结构。同一情境中的被治疗者、萨满、旁观的信众（主要是受到此种文化影响与有好奇心理者）看上去充杂着所有的元素，混乱而单纯，但实际上容纳众多。如何从理论上解释结构及其必然表达的如此特性呢？

很多人指出，人的心灵具有自身内在的结构。威廉·詹姆斯认为："所有这些元素（意识、知觉、时间、空间、相似性、相异性和其他关系）都是对于外部客体的主观性的复制。他们并非外部事物……比起被接触的刺激来说，他们的本质更多地取决于大脑的反应……于是这就是内在结构（这与斯特劳斯的'结构'在某种意义上具有相似性，但更进一步的，这样的'结构'还处于'结构'的生理功能阶段，而后者的'结构'更多的是这种'结构'的产物，是文化作为存在的'元存在'——作者）的本真资源，其来源被神秘所笼罩，它在任何意义上都不仅仅是从'无'而来的'被留下的印象'，而是在任何可理解意义上的动词'留下印象'。"[①]这也是宗教人类学继结构主义及后续发展以来重要的问题，对于这样的论题，也许不能瞬时解决，甚至只是认识它，但可从相类似的问题出发，以便我们更清楚容易地认识这类问题意味着的"结构"——这也就触及了关于实用主义、人本主义的论争。

这其实回到了人类学探讨的关键：何为人类学？何为人本主义的人类学？可以以宗教人类学为其标志吗？后者可以视为与实用主义的人类学等同吗？实用主义和人本主义是什么关系？什么是这里所说的人本主义和实用主义？

事实上，在20世纪70年代的时候，就有学者提出要改变人类学研究的目标，为此归纳出了五大诉求：(1)实用性诉求，以期人类学能解决

---

①Cited from The Principles of Psychology. Author William James. Henry Holt and Company. New York, 1891, Vol. II, Page 631–632.

当今世界的现实问题；（2）责任诉求，主要是此学科应承担其社会责任；（3）对权力文化进行研究的诉求，这对当今世界的各种文化中心主义来讲具有重大的意义；（4）对人类经验予以关注的诉求，这是自人类学学科建立以来就存在着的诉求，或者其实更不如说这是人类学的出发点；（5）对反思的诉求，主要是人类学的定位和对其文化中介的理解。①其实这五点诉求皆以实用性为背景，在学术研究上可表现为一种实用主义（其实是人本主义为中心的自然主义）的视角。

说到实用主义，历史上的实用主义是内容丰富的，且总是和人本主义难舍难分。威廉·詹姆斯认为，实用主义"就是经验主义的方法加上宗教性这两种的调和"②。此定义有三点值得关注：

其一，调和。这也是詹姆斯实用主义的最大特点。为什么要调和？因为在人的意识结构中和元结构中，矛盾无处不在，我们所要做的无非就是调和之，使之保持动态的平衡。这个平衡表现于实用主义，自然是其理论最人性化的部分或者说是核心。为何如此说呢？既然矛盾是人的意识的最自然状态，保持这种最自然的状态（这也是无意识的诉求，不是意志的产物）是人之所以为人的最基本的要求，也是人本主义的核心。

其二，不忽略和抹杀经验主义。基于人类学研究对于人性的充分尊重，所以对于个人化思想应赋予多元价值，而不是以哲学史上某些时代的绝对性主张断然否定，从而违背科学与真理，衍生出可能的迷信与无创新的人与时代的精神。

其三，宗教性。这是宗教人类学研究自始至终应明确及无法避免的基本点，也是人类意识对于经验主义的补充。如果说经验让人们充分理

①〔挪威〕弗雷德里克·巴特、〔奥〕安德烈·金格里希、〔英〕罗伯特·帕金、〔美〕西德尔·西尔弗曼著：《人类学的四大传统——英国、德国、法国和美国的人类学》，高丙中、王晓燕、欧阳敏、王玉珏译，商务印书馆 2008 年版，第 375 页。
②〔美〕威廉·詹姆斯著：《实用主义》，燕晓冬编译，重庆出版社 2006 年版，第 52 页。

解和认识实在，更多地囿于实际生活的圈子，那么宗教性则是人对于现实生活束缚性的一种补足。

　　综上，我们发现，实用性只是一种原则与思维视角，尊重人性及其价值才是最终目的。或者说，提倡宗教人类学研究中的实用性和实用主义，目标是客观地看待人本主义的宗教实践。而这种方式与实践其实并不是某种刻意的学术追求，而是人类学，特别是宗教人类学研究本身自然诞出的。正如荣格所说，"自然过程就是自然过程，不是别的——它不是荒谬的，不是非理性的"①，它是一种事实。

---

①荣格:《分析心理学的理论与实践》,生活·读书·新知三联书店 1991 年版,第 91 页。

·目 录·

绪　论 ……………………………………………………………… 1

第一章　重要理论、思潮及代表人物 ………………………… 7

第一节　从黑格尔到卡尔·马克思 …………………………… 7

第二节　马克斯·韦伯 ………………………………………… 26

第三节　杜尔凯姆 ……………………………………………… 45

第四节　结构人类学及其后 …………………………………… 60

第二章　宗教人类学主题研究 ………………………………… 79

第一节　禁忌 …………………………………………………… 80

第二节　巫师、占卜者与实践的概念 ………………………… 86

第三节　符号与情境 …………………………………………… 101

第四节　仪式 …………………………………………………… 109

第五节　神话与原型 …………………………………………… 112

第六节　萨满的宗教实践 ……………………………………… 117

第七节　宗教经验与心理 ……………………………………… 121

第三章　现代宗教人类学问题与研究 ·············· 139

　　第一节　宗教与新时代的"医心运动" ··············· 139

　　第二节　"新萨满"说及巫术泛化 ················· 143

第四章　中国宗教人类学研究概论 ················ 145

　　第一节　关于"中国的宗教" ················· 146

　　第二节　中国宗教文化心理分析及衍化 ··············· 147

结　语 ·································· 163

附　录 ·································· 165

参考文献 ································ 190

绪　论

一、宗教文化与理性主义

宗教不仅是一种特殊的意识形态，而且是一种具有广泛性和关联性的社会文化现象。宗教在人类历史中的存在状况及其所表达的超自然力量，决定了宗教对于人类心灵与社会生活实践的不可或缺性。它不仅仅是一种信仰，更是一种社会文化，表达和反映着人的基本属性。可以说，自人类出现以来，类似的意识形态就诞生了，但其历史属性决定了这类意识形态表达的阶段差异性和多样性。所以，在"宗教"这个文化概念出现之前，就已经产生了诸如原始巫术、图腾信仰、祖先崇拜等的概念和活动。

说宗教是一种特殊文化现象，最显著的是其表达为对于超自然力量的崇拜和信仰，而后者在某种程度上并不是宗教的最本质特征，也绝非宗教体系所独有。凡与超自然力量崇拜和信仰有关的事物——正因其有这样的特征——便都因之与宗教具有亲属关系，从而成为宗教文化的组成部分。因宗教具有的广泛性、群体性、功能性、社会性、关联性、系统性、人文性、整合性特点，它就理所应当地居于此类文化的核心地位。

对于宗教文化的研究，首先要从宗教作为文化的现象开始。那么，总是有人会在这里纠结，这种研究是理性的还是非理性的，或者说是不是"科学"？说到宗教文化的理性与否，其实它与宗教研究的方法和理解宗教的思想结构有很大关系。事实上，理性的有无，主要是就知识论来讲的。如果单就宗教文化现象是不是理性来设问，这已不是"科学"的问题。因为作为文化，宗教首先是一种"人化"，或者说人性化的产物。它可能涉及理性，也可能有非理性的存在，因为它存在的关键不在这里，而在于是否能满足人们世俗生活和生存的心灵需求，是否可以让有限的生命与精神得到无限的延展，使人们获得安全感，或者说精神上的永恒感。所以说，宗教是超越于知识论的，这也正是其超自然力量的源泉。那么，如果要忽略这一出发点而大谈理性与否，则是与宗教研究方式背道而驰了。同理，如果不能用理性的有无来结论，则亦不应用非理性的有无来结论。在乔治·桑塔亚纳看来，最理想的生活是一种"理性"的生活，那么从这个意义上讲，宗教是这种"理性"生活的元素或者载体①。不过，马克斯·韦伯曾说，"人们正可从最为不同的终极观点、循着相当歧异的方向来'理性化'生活——这个简单却又常被遗忘的道理，应当放在任何有关'理性主义'的研究的开端"②。那么，这里的"理性"意味着什么呢？

事实上，他这里讲的"理性"，首先是对这种"理性"加以定义和区别属性。"理性"作为一个概念，普通的解释都可以，但是不同的人面对不同的分析对象，属性还是有别的。可见，对于最理想的生活这样一个结论，一般来说，亦是不"科学"和不"理性"的。为什么这么说呢？桑塔亚纳认为，宗教是"理性生活"的表达形式，而"理性的生活应该是某种统摄世间万物的理想。它在所有地方建立起道德的分界线，永远把正确从错误中区分出来……"③"永远把正确从错误中区分出来"，意味着他理想的生活还是在社会范畴中，具有社会的典型特征，但是，由

---

①③〔美〕乔治·桑塔亚纳著：《宗教中的理性》，犹家仲译，北京大学出版社 2008 年版，第 6 页。

②〔德〕韦伯著：《韦伯作品集·宗教社会学》，康乐、简惠美译，广西师范大学出版社 2005 年版，第 51 页。

于宗教本身所具有的超自然是其最具代表性的特征，而所谓的"永远把正确从错误中区分出来"并不足以表述宗教的这一最具代表性的特征，或者说用这样的表述来描述宗教是有欠缺的。而且，"永远"也并不必然会成为他所表述的模糊不清的"理性"的结果。所以，桑塔亚纳的第一个错误是没有深入思考自己所想表达的"理性"概念，第二个错误是没有定义自己所谓的"正确"与"错误"是何种意义上的考量。在这样的表述中，"理性"本身不是明了的，也导致了他的这种"理性"所引出的结论的不明了。或者说，作为一位严谨的西方传统思维意义上的哲学家，桑塔亚纳还需要走很长的一段路。

诚然，宗教终究必然表达为某种类似于"理性"的意识形式，这里的"理性"是什么意思呢？在回答这个问题之前，先来看看佛教唯识学对意识的看法。唯识学认为，人的意识是有不同层次的，比较浅层的，如眼识、耳识、鼻识、舌识、身识这些，它们属于人身感官对外部（环境）的刺激产生反应的意识，只是部分的和功能性的。除此以外，还包括意识（对眼、耳、鼻、舌或身的认识的感知抽象或综合）、末那识（对于"我"及其存在的意识）和阿赖耶识；还有一说包括第九识：阿摩罗识。这是佛教对于人类深层意识（潜意识）的划分。在现代心理学史上，弗洛伊德和卡尔·古斯塔夫·荣格对于这个概念都有自己的解说。在后者的观念中，潜意识也具有理性的分层，最高层次是原型意象"智慧老人"代表的"自性"的原型，那应该是一种极智慧的理性直觉的象征。

那么，如何看待宗教及宗教文化现象呢？在什么样的前提下，用何种方式来研究它呢？

在宗教人类学史上，亦曾出现过经验主义与理性主义或对立或共存的时代，最富于感染力的应数结构人类学的研究方法。结构人类学最主要的研究者列维－斯特劳斯具有的很大特点便是，总要把自己的结构主义与马克思主义相比较，以说明二者具有的共同基础。这也是比较适合我们研究斯特劳斯的一个角度。

二、建立科学的宗教人类学学科

人类学一度被认为是对人类所有领域问题的研究，因此它涉及之广可以说达到了我们所知的几乎所有领域。而其中以人类文化作为研究对象的学科就是文化人类学。文化人类学有时也被认为等同于之前的民族学，但这二者其实是对人类学不同功能分类下研究领域的表述。

同样，当宗教及其相关文化现象成为人类学的研究对象时，我们称之为宗教人类学。宗教人类学首先是一种文化的人类学研究，其次其所研究的宗教，不是作为信仰的存在，而是作为文化的存在。由于宗教存在的特殊性，绝大部分文化现象都可以说是与宗教相关联的。总之，宗教人类学的研究对象非常丰富，而面对如此复杂而特殊的局面，人类学究竟应以怎样的方式去研究宗教及其相关文化现象呢？而后者如何被研究才能揭示出其所蕴含的"可靠的"知识或者说可能普遍存在着的规律性的东西呢？

当然，对于很多西方学者来说，这也是其基于西方哲学理性传统的一种本能追求，不断地寻求宗教人类学研究的可被"实证"的规律性，即对于建立"科学"的宗教人类学学科的追求。乔治·桑塔亚纳认为，宗教是在一种道德规则内的自然生活，在这个意义上，宗教可化身为理性。[①]故而对宗教的人类学研究，也就具有成为一种"科学"的学科的可能性。可见，关键还是在于对知识的获得方式和对其进行判断的标准。或者说，知识的获得方式和判断标准其实是无法割裂的。

基于这一思想基调，有人类学家提出将数学知识和方法运用在人类学研究中，并对其进行了论证，结果是否定的。其列举的论证不足以说

---

① 〔美〕乔治·桑塔亚纳著：《宗教中的理性》，犹家仲译，北京大学出版社2008年版。

服人。例如，其认为社会科学的观察认识必然对其观察者的发展和变化产生影响和作用，而自然科学却不存在这样的问题。这样的说法放在科技发达的现代，已经不"科学"了。因为在自然科学领域，特别是量子力学研究领域，观察者对于被观察者同样会产生影响；心理学上也表明，不同观察者及其心理结构，会对同样的科学过程和数据得到不同的结果，那么这个结果的"科学"性也有待于考量。[①]

三、宗教人类学的前景——从人本主义出发的实用性研究

对于宗教多角度的研究当然经历了一个过程，最初主要是对其作为信仰或神学或哲学的研究，后来学界逐渐达成共识，将之看成是一种文化进行研究，这样不仅使方法更加灵活，促成了多学科的交融，更增加了研究的深度和实用性。而作为人类学研究对象之一的宗教文化则是这一历史潮流的产物。之所以这么说，也是因为这种宗教文化蕴含丰富的内容，既具人性又具超自然的性质。

一般来说，人类学是研究人类的各种科学，涉及面几乎是过去所有学科的总和。而宗教既然作为人类学的研究对象之一，其内容则不仅仅局限于作为某种信仰的宗教本身，而是与宗教有直接或间接关联的所有文化现象。简而言之，与神灵信仰有关，与超自然信仰有关的都可以分在这一类里去细细研究。

在宗教人类学研究中，逐渐出现了一些重要的理论和代表性的流派。基于系统性研究的需要，理论对于学科研究的重要性决定了本书首先会对目前人类学和宗教人类学领域的重要理论进行一个历史性的研读，从哲学基础出发，搭建一个宗教人类学学科的理论框架和研究大纲，继而

---

①〔法〕克洛德·莱维-斯特劳斯著：《结构人类学》（第二卷），俞宣孟、谢维扬、白信才译，上海译文出版社1999年版，第59页。

对宗教人类学研究中一直存在的经典性研究主题——分析，提出本书的主要理论以及基于此理论前提而对经典问题的创意研究。

这里谈到的经典主题主要有：禁忌、民间信仰和巫术、宗教仪式及作用、象征与宗教符号、神话与原型研究、宗教经验、宗教心理与情境等。除此以外，针对目前比较流行和大众比较关心且有争议的话题，本书也有一定学理上的辨析，如宗教是否与人们的身心健康有关？若有，应是何种关系？是否可为我们应用？新萨满教徒会越来越多吗？是否生活开始"巫术化"了？如果这样，应如何正确地认识"巫术"及"巫术化"的生活？宗教还应按传统方式来定义吗？宗教是否已经发生了巨大变化？现代宗教，特别是和世界重大事件相关的宗教事件表达了什么？是否到了应该重新定义所谓宗教的时代了？如何定义？这些问题都是当代宗教学界，或者说宗教人类学界和以人本主义为研究中心的学者及研究人员应当关心的重大问题。

众所周知，宗教人类学史上流派众多，但大家一直在寻找更科学更有效更实用的研究范式与方法。在这个过程中，结构—功能主义是非常引人注目的，结构主义更是成了人类学研究的重大转折点。因为结构主义，马克思主义也成了人类学研究的重要原则和视角，我们是不是可以说，马克思主义有了，人本主义还会远吗？

如果哲学思维的根本问题是绝对的形而上学，那么人本主义则转而对人类何时产生这样的思维问题产生了兴趣。

第一章　重要理论、思潮及代表人物

既然我们言明结构主义流派的产生在人类学研究史上具有划时代的意义，在它之后的结构马克思主义、解释人类学等成体系或未成体系的流派纷纷出现，那么关于宗教人类学的理论便可以此为界，分为结构主义之前与之后。

第一节　从黑格尔到卡尔·马克思

一、黑格尔与精神现象

事实上，哲学可以说是众多学科的源头，而一些著名的哲学家则走在了某些学科的前沿。过去看上去并不引人注意的理论和学说，在现今新的文化状态下，却已经远远超出了人们的预期。这当然是由于时代引发的视角和思想背景的不同造成的。

有一些学科发展至今，会使我们重新审视过去的人和思想，如黑格尔的精神哲学。其实一直以来，黑格尔的哲学，特别是在西方哲学史上以这样那样的形式发生着作用，但其光彩耀目之处还要看当今。如果说黑格尔曾经试图以理性的思维和语言来表达个人意识，继而是人类意识发展的不同阶段，从而建构其哲学体系的话，那么，我们是否可以认为，他对于现代心理学、人类学的发展早已起到了提纲挈领的作用。

黑格尔的辩证法，甚至他的整个哲学体系，处处表达着他对矛盾广泛存在着的一种处理，试图用理性的方式表明其有机的相互作用。对于人类学，他认为首先要搞清楚研究对象，即主观精神。什么是主观精神？"自为的或直接的；这样它就是灵魂或自然精神，即人类学的对象。"①

"在灵魂中意识觉醒起来；意识把自己设定为理性，理性先是直接地觉醒成为认知自己的理性的，这一理性通过自己的活动使自己自由解放，达到客观性，达到对它的概念的意识。"②

黑格尔承认理性对于意识的重要性，认为理性能够认知自身，且能达到客观性，继而完成自我实现。但这并不意味着理性是单一的意识，它的功能只是"认知自己的"理性，最终会"使自己自由解放"，达到真正客观的认知，甚至完满地认识到自身之所由及所终。因为理性不能代表人性以及人自身，所以人类并不是理性最终自我实现的工具，"至于人类在完全表面的意义之下，至少绝不会是理性的'目的'的工具。在实现这'目的'的机会中，他们不但借此满足个人的欲望（依照内容是和那个'目的'不同的）——他们并且参预在那个理性的'目的'的本身之中。而且就是因为这个缘故，他们是他们自己的目的。这不仅仅是形式上如此……"③人作为个体，不但具有欲望，也具有理性，甚至欲望也是理性达成自身的一个因素，可见在这其中，必然有某种"规定性"来制约。

"灵魂是把自己个别化为个体性的主体。但这种主体性在这里只是作为自然规定性的个别化来加以考虑，它是作为不同气质、才能、性格、面相以及其他家族或单个个体的素质与特质的模式。"④

"自然规定性"在自身"把自己个别化为个体性的主体"之先，它是

---

①②④〔德〕黑格尔著：《哲学科学全书纲要（1830 年版）》，薛华译，北京大学出版社 2010 年版，第 278、278、283 页。

③〔德〕黑格尔著：《历史哲学》，王造时译，上海书店出版社 2001 年版，第 34 页。

不具有个别化的特质的，也即不具有"不同气质、才能、性格、面相"等的特质及模式，那么黑格尔理论中的这个没有个体性特征的"自然规定性"，必然是一种人类个体所共同具有的"规定性"，且是人类个体性特征的来源。可见，人性的存在与否、如何存在等与所谓的"规定性"是不可分割的。

　　然而人性的不同特质、模式及模式群在面对世界和自我的时候，又生产出各式各样的文化，并对自身产生影响。这在黑格尔看来是"自身异化了的精神"。

　　"对于直接指向着本质，并把本质当成自己的伦常的那个意识而言，这本质具有存在的简单规定性；意识既不把自己看成这种排他性的自我，实体也并不意味着是一种被排除于意识之外的特定存在……它的这种特定存在既是自我意识的作品，又同样是一种直接的、现成的、对自我意识来说是异己的陌生的现实，这种陌生的现实有其独特的存在，并且自我意识在其中认识不出自己。"① "精神在这里所构建的就不只是一个单一的世界，而是一个双重的世界，被分裂的和自我对立的世界。"② "它分裂为两个王国……如果说前者是第一个直接有效的自我，是个别的人，那么后者，这第二个，这从其外化中返回其本身的普遍的自我，将是把握概念的意识，而且这两个精神世界，亦即其所有环节都坚持自己各是一个固定的现实和无精神性的存在的这两个精神世界，则将瓦解于纯粹的识见之中。这种识见，作为把握自身的自我，就达到和完成了教化……它理解任何东西，都要排除一切客观性，把一切自在的东西转化为自为的东西……在这种否定的任务中，纯粹识见同时也就实现了自身，并且产生了它自己固有的对象，'不可知的绝对存在'和有用的东

---

①②〔德〕黑格尔著：《精神现象学》，王诚、曾琼译，中国社会科学出版社2007年版，第761、763页。

西……当初异化了的精神现象现在依靠这个绝对自由就完全返回于其自身了。"①

人类的认知是伟大的，在黑格尔的精神现象中，它认知了自己"固有的对象"，既有"不可知的绝对存在"，又有"有用的东西"，至此，"当初异化了的精神现象"才能够达成"完全返回于其自身了"。我们首先看到了"有用的东西"，这是人类文化固有的价值，它对于人类是"有用的"，具有实用性，能解决实际的问题，至少对于人们实际的生活是有帮助的，当然这个生活包括精神的和物质的生活两个方面。其次是"不可知的绝对存在"，抛开宗教神秘意义上的理解，在宗教人类学的研究领域中，在结构人类学的理论中，这个"不可知的绝对存在"是"绝对"存在着的，如何存在呢？当然是以"自然规定性"②这样的形式昭示着其存在。那么既然"不可知"，我们可以以某种认知形式推知"自然规定性"的存在，却不可以以"自然规定性"的表现去了解"绝对存在"，所以说是"不可知的绝对存在"。而那种"有用的东西"对于人类学研究意义重大。因为个体性精神的发展进程历史化后就成为人类历史的发展变化过程，也即绝对精神可以在人类文化中逐渐认识和实现其自身，人类文化是绝对精神多元化和具象化的表现形式。

在多种文化现象中，国家权力是黑格尔重点阐述了的，因为只有在这种实体中，精神才有可能在某个历史时刻达到"实现其自身"。在黑格尔看来，只有实现了其自身的精神才是真正自由的，因为届时的自由是

①〔德〕黑格尔著：《精神现象学》，王诚、曾琼译，中国社会科学出版社 2007 年版，第 765~767 页。

②"正如在一般的内在概念那里出现的规定性是发展的进展，同样地在精神那里精神于其内展示自己的每一规定性也是发展的环节，是在继续规定中向精神的目标前进，是使精神自己成为和自为地变为它自在地所是的那种东西。"参看〔德〕黑格尔著：《哲学科学全书纲要（1830 年）》，薛华译，北京大学出版社 2010 年版，第 278 页。

和必然统一的。"自满自足的意识无疑在国家权力中发现了它的纯粹和简单的实在，以及它的生存。"①意识生活也因为存在于不同的关系中，从而规定性纷纷不同。特别是在这个过程中，"发现自身与国家权力和财富都同一的意识生命（'高贵意识'）"，对待国家权力这个"实体"持有"肯定"的态度，从而就对它自身（个体化的目的、内容及存在）采取了"否定"的态度，甚至放弃了个体人格。通过这样的方式，自我意识实现了本质与实在的结合，这是一个"双重的现实，一是自我成了真正的现实，二是国家权力的权威被接受为现实"②。这时候自我意识最有价值的不是它们的个体性的"独立存在"，而是它们的本质——已经"完成了的"思维，"是它们的纯粹意识"。黑格尔强调，"国家权力不是君主个人的意志，而只是本质的意志"③。也即，这个时候的自我意识（"本质的意志"）与国家权力的个人意志有一种绝对的"直接联系"，如果这个"国家权力"尚未产生个人意志，那么"语言"在这里将成为非常重要的形式，它将代表"所有人的最高利益"进行言语。

"语言"在社会关系，特别是在社会秩序中，能最大限度地发挥本身的那种"本质内容"，可表现为"规律和命令"。因为语言具体表达自身为"建议"，这不同于维特根斯坦的语言游戏中语言的作用，这里的语言作为言语具有"权威性"的力量，它是在言语中"实现那必须实现的东西"。也即，在此语言表达中的纯粹自我意识，通过被"其他人理解为一个事实"，从而消解了自身，达到与自我的"同一"。这个"同一"意味着，语言存在时，它自身不存在，语言与其他自我意识"同一"（被理解）后，自身存在了，而语言无形中消解了。自身不再蕴含在语言之中，而成了一个别人所理解了的自我，与他人的普遍的自我"同一"。

---

①②③〔德〕黑格尔著：《精神现象学》，王诚、曾琼译，中国社会科学出版社2007年版，第785、793、795页。

自我意识以一些特定的语言方式来对待"国家权力",这么说的意思,只是因为在精神的不同变化阶段,语言表现自己的方式和内容是不同的。当精神尚是现实的中介,或者说当语言在作为精神与本质的中介的时候,它说出来的言语可能是别的自我意识支配的东西,并非表达了内在的本性,这种表达是片面的、不完整的,有时候甚至是恶的。

"表现分裂状态的语言,在其中精神性生命被撕碎了,然而这种语言却是整个精神教化和发展世界里的最完美形态的语言,乃是陶冶自我意识的格式化过程,乃是整个教化世界里真实存在着的精神。"①

这个过程是如此美妙,我们需要用下图清楚示之。

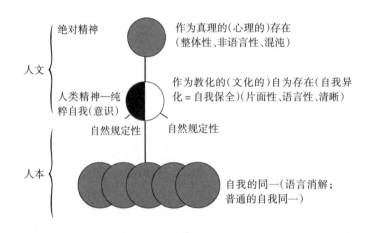

说是"撕碎了",不如说是一分为二了,因为按照黑格尔的想法,这个时候的自我是以一个"绝对对立的形式"出现的,对立双方各自有一个它本身的人格,但它们的内容出自同一个自我。因为它具有自我教化和教化他者的作用,所以是一种教化的精神。为什么具有教化的功能呢?因为它能够按自身的本来面目认识到本质和原则,但却并不具有"真正的真理性",因为"所有这些环节都是彼此颠倒和相互转化的,每一个环

①〔德〕黑格尔著:《精神现象学》,王诚、曾琼译,中国社会科学出版社 2007 年版,第 819 页。

节都是它自己的对立面"①——通过对立面认识自身；通过判断标准认识自身——所以并不具有"真正的真理性"。也即从真理性的一面来说，此时的主体和客体都是最清晰不过的，但由于其自身的分化、分裂和相互转化，或者说不具有整体性，从而使本身并不具备真正的真理性。正因如此，它的教化功能却胜过其他任何阶段——确定的意指和所指的统一自身的功能。或者说，在人类学研究中，作为人类学研究对象的人类文化现象就具有这样的功能——它也许并不能真正表达自身作为精神的真理性存在，但却能教化人们认知自身中所辩证地传达的真理的存在。正如黑格尔所说："它的自为存在，严格地说来其实是自我的丧失，而自我的异化反倒是真正的自我保全。"②这也就是一种"心理的存在"转化为"实在（逻辑）的存在"的过程，以及对其思维成立的必由之路；或者说，不通过人类的精神，绝对精神是无法实现自身的。可见，这是人文主义—人本主义的应有之义——它未必能成为真理，却必然能够帮助人们从中感知到真理的存在——这就是文化的力量，我们可以从黑格对"国家权力"作为文化实体的表述中对此作充分的理解。

但是，黑格尔又说："只有通过反叛的自我意识时，它才知道它自己的特殊破碎与分裂状态；并且当它知道这一点时，它已超越了那种分裂状态。"这么说原本没错，这也原本是教化作用的"自然规定性"，但是他又说、"（在上述那种自觉的虚无性里）一切实体的内容，都获得了一种否定的意义，并再也不具有肯定的意义。"这种否定性的虚无主义，显然是不适合非哲学性质的学科研究的，甚至对哲学作为学科本身建设来说也是如此。所以，当人类学学者呼吁将哲学与人类学根据学科性质明确其界限（学科界限，并不是思想界限）的时候，我们不得不承认这

---

①②〔德〕黑格尔著：《精神现象学》，王诚、曾琼译，中国社会科学出版社 2007 年版，第 821、823 页。

是十分明智的。

由上所述，我们看到黑格尔在其哲学中对于人类精神、意识和文化等的研究，实际上就是一种哲学人类学的研究方法，因为它不仅是"客观的理性主义"，或者说黑格尔试图将其建构为客观的理性主义的体系，而且那样一个类似于直观图式的文字表述，非从经验开始思维而不能。正如他自己所说："对于意识来说，它们（思想、思维或者说'纯粹的被思维物'）只是以表象的形式出现的，它们只是观念形式的对象。因为，意识固然是从现实世界进入到了纯粹意识，但是它本身基本上还是在现实这个领域和规定性之中。"①显而易见，这样的意识的对象和这样去意识的对象，无往而不在经验之中。

黑格尔关于宗教及信仰的哲学，作为人类文化的意识表现为一种表象，受现实领域和规定性的制约，但是并不具有自知性，又因其内部包含着相互限制的对立关系，所以同时也具有那种对象的"规定性"。故而纯粹思维也表现为"纯粹意识的现实性"，后者对于现实意识来说并非具体的意识，"它毋宁是这个具体意识之固有现实的彼岸，因为它正是从后者中逃脱出来的"②。这样，宗教出现了。不过这只是思维形式里的宗教，表现为"教化世界里的信仰"，并不是宗教的完整形式。严格说来，宗教部分的是现实的"规定性"产物，虽然也是此"规定性"所表达的实体的纯粹意识，但后者既不同于自身的现实意识，又不同于自己的个性化的存在（与自我的同一），所以宗教在这里只能是一种信仰。

事实上，从某种程度上讲，黑格尔整个哲学的表达方式就是神学的，不能说它是完全的理性主义，也不能说它是完全的非理性主义。黑格尔谈到哲学时也认为，哲学作为一门科学具有艺术和宗教的统一性，

①②〔德〕黑格尔著：《精神现象学》，王诚、曾琼译，中国社会科学出版社 2007 年版，第 833、837 页。

它不仅具有艺术性的独立形态的活动，同时具有宗教性的被结合在单纯精神直观内的成为自我意识的思维。①

哲学把自己规定为是对绝对表象内容的必然性的认识，那么在这个过程中就离不开作为单纯精神直观的自我意识——即"信仰上主观的向往和它与那一前提达于同一化"②的结果，这也表达着哲学与宗教的关系——哲学在宗教表象中找到自己的形式，在宗教内容中找到自己的内容，并公正对待之。黑格尔在《哲学科学全书纲要（1830年版)》中提到了亚里士多德形而上的观点。

"理性在掌握可思维的东西中思维它自己本身……如此那一物，即被思维的东西，比之理性显得包含神性的东西，就在更加完全的意义上是神性的东西，而思辨是最快悦的东西和最善的东西。"③

可见，黑格尔对于理性的重视程度很高。在他中后期的哲学思想中，哲学的地位具有凌驾于宗教之势。因为宗教毕竟是绝对精神最终实现自身发展所要扬弃的阶段，但这并不意味着黑格尔对宗教就持否定态度。马克思指出："黑格尔在哲学中加以扬弃的存在，并不是现实的宗教、国家、自然界，而是已经成为知识对象的宗教本身，即教义学；法学、国家学、自然科学也是如此……另一方面，信奉宗教等的人可以在黑格尔那里找到自己最后的确证。"④

至于宗教与哲学的相互关系，黑格尔认为，"认识与宗教同时创立了自己的世界，只是将有限的内容归属于自己；然而，它在其发展中达到了真正的哲学的级次，就内容说来却不再与宗教相区别"⑤。因为，

①②③〔德〕黑格尔著:《哲学科学全书纲要(1830年版)》，薛华译，北京大学出版社2010年版，第404、406~407、417页。

④《马克思恩格斯全集·1844年经济学哲学手稿》（第四十二卷），人民出版社2000年版，第174页。

⑤〔德〕乔·威·弗·黑格尔著:《宗教哲学》，魏庆征译，中国社会出版社1999年版，第18页。

"实际上，哲学本身也就是对上帝的事奉，也就是宗教，因为它无非是在其对待上帝方面对主观臆说和评断之摒弃。因此，哲学与宗教相等同……其差异在于这一宗教的性质和方法"①。

那么，如何达到宗教中的神明（上帝）呢？黑格尔认为，应为"直接的认知"，这样就不应该在"认识以及在概念中领悟上帝……同上帝的关系只能是直接的。这一关系的直接性，被视为绝无仅有，并与另一规定相对立，即中介的规定"②。不能通过中介，只能是一种直接的认知，这样就排除了概念及抽象思维的环节。然而宗教的真正意义并非"致力于对上帝、神圣内容的认识"，而是要"探考与上帝的关系……它凭依其本质如何在其自身显示自身"。考察这一关系是个人宗教，或者说宗教中最为核心的东西，这种关系只能是一种个体性的直观知觉，因为在那时，"上帝作为理念，对于客观者说来是主观者，对主观者说来是客观者"③。所以"主观者"如果是整体的，则会阻滞意识对于客观的认知道路，即"从主体心灵导向行为的途径"。

如果说如上是对于单纯的宗教，即对宗教的"普遍性"范畴的探讨，那么对于"实存宗教"，且为"既定实存"的宗教，黑格尔认为它们是对宗教"规定性"的探讨。"规定性"的宗教作为尚未完全实现和尚未完全发展的阶段，只有其内部的对立分离出现规定范畴时，实存宗教才会出现，这时它成为既定实存宗教。如同之前所说，黑格尔一再强调，宗教要关注的是一种与上帝（神明）关系的意识，而不是对上帝或神诸如此类的具体内容，所以概念不是最重要的，这种意识反而更重要。所以精神在这里始终是复归其本身的活动，或者说它是自身的中介。如何理解？人具有被生而赋予的自为的概念，他们由自在进入自为，通过发展，

---

①②③〔德〕乔·威·弗·黑格尔著：《宗教哲学》，魏庆征译，中国社会出版社1999年版，第17、34~35、52页。

最终实现其自身（精神）。这也叫作"规定自身"，它包含着无数的"被区分的环节（子概念和规定）"。对于这样的阶段，精神试着与其调和而同一，从而产生了"既定宗教"。在这里，精神作为"自身的既定意识"只是自为存在的一个过程，是不完满的状态。总之，既存的宗教作为"宗教的诸环节"，即"完满宗教的诸环节"，它们各自具有自身这个阶段的具体态势，被称作"有限的宗教"，故而也是"有限的存在"①，随着历史的兴衰而沿革。所以，"概念本身的规定性"也普遍地存在于其规定性之中，即其"存在于直观、感觉、直接的形象"中。但后者往往还未与普遍的"规定性"同一，也即未发展状态，所以对于此类表象的观察，常常让人们得出是"迷信"的结论。纵观宗教人类学史上的众多案例可见一斑。

　　而当既定宗教处于尚未超越自然性的阶段，就会形成"自然宗教阶段"。此阶段的本质，当然也欲实现其自身，但因其规定性的抽象性而导致概念的有限性，限制了其对于自由的渴求，所以还要受到必然性的制约。这个必然性就是它所对立的那一面，即它所对应的世界的限制。

　　再就是"启示宗教"，启示宗教是一种公开的宗教，因为"上帝在其中完全的展示其自身"，"实质的概念、神圣的概念、上帝概念本身，在这一发展中规定自身，并设定其目的……它意味着精神的一切创造物及其自我意识的每一形态之必然性"②。即最终上帝实现了其自身，实现了对于世俗生活的彻底扬弃，超脱了有限范畴，进入了无限。至于黑格尔宗教思想的变化，这里就不讨论了，我们只是分析他的思路。

　　当然，黑格尔也对宗教中"上帝（神）的存在"进行了证明。

　　但马克思认为，黑格尔的证明弄颠倒了，即黑格尔以推翻这一论证

---

　　①②〔德〕乔·威·弗·黑格尔著：《宗教哲学》，魏庆征译，中国社会出版社1999年版，第132、66~67页。

来为这一证明辩护，所以这样的辩护是没有实际意义的。所以，"对神的存在的证明不外是空洞的同义反复，如本体论的证明无非是：'凡是我真实地（实在地）表象的东西，对于我就是真实的表象'，也就是说，对我是起作用的，就这种意义讲来，一切神，无论异教的还是基督教的神，都具有一种真实的存在"①。因此，马克思认为，对神的存在的证明事实上是"对人的本质的自我意识存在的证明，对自我意识存在的逻辑说明"。可见，人类在思维的时候，只有自我意识是直接存在的。所以说，在自我意识之内的任何对于神的存在的证明，其实也就是对于神的不存在的证明。(1)存在于自我意识而不作为自我意识之外的实在存在；(2)作为自我意识的神的存在，想象神的存在，而不是神本身的意识的存在。神的观念的"自在存在"到"自为存在"的证明，总之是对关于神的观念的否定。他认为，"真正的证明必须倒过来说：'因为自然安排得不好，所以神才存在。''因为无理性的世界存在，所以神才存在。''因为思想不存在，所以神才存在。'但这岂不是说：谁觉得世界是无理性的，因而谁本身也是无理性的，对他来说神就存在。换句话说，无理性就是神的存在"②。所以，这样的证明从一开始就是荒谬的，因为人们事先假定的是一个"客观的神的观念"，它又怎么可能和人的理性及理性从自身中产生的规律发生联系呢？因为如果它的产生是后者这样的，那么它就是不自由的；如果它是不自由的，它又如何是自主的？如果它是不自主的，它又如何能是客观的？

可见，马克思对于黑格尔的思想是非常关注的。如同他自己所说，黑格尔的辩证法是他的思想来源之一。关于前者的宗教观念，马克思有这样的见解，同样他也对其他的领域有着自己独特的看法，并且这一影响非常深远，特别是在人类学研究史上出现了马克思主义与结构主义人

---

①②《马克思恩格斯全集》(第四十卷)，人民出版社2006年版，第284、285页。

类学的有机联系，这是马克思主义哲学的另一种价值。

马克思所有的哲学，最终欲指向一个目标——"实践"，并试图在"实践"的层面上搭建实证主义与理想主义哲学对立统一的平台。而事实上，这也是社会科学领域一直在做的一项工作。人类学的结构主义、马克思主义最初的学术目标就是这样，虽然实现的情况并不算理想。

二、费尔巴哈"人的本质"的宗教

说到马克思哲学，我们就不能避开黑格尔和费尔巴哈。谈到"实践"，我们需要从费尔巴哈开始探讨这个问题，因为"从费尔巴哈起才开始了实证的人道主义的和自然主义的批判"[①]，唯物主义的实践才开始成为可能。众所周知，他们的理论和方法是前者哲学思想的理论和方法的重要来源。

其一，在费尔巴哈看来，"特殊性是信仰之根源"，所以信仰的本质就在于它与普遍理性的不同。那么，不同的时代、不同的地点、不同的名称都对应着信仰内容的改变。如果运用理性去修正信仰，则它便丧失了特殊性，这意味着其与普遍理性的同化衰弱了自己。其实费尔巴哈的这个说法也可以这样理解：如果信仰是同普遍理性相一致的，那么与其说它是信仰，毋宁说它是哲学。但当它与实在相结合，或者说当它表现为具象的时候，它才真正是宗教（"人的自我意识"），这便是宗教与哲学最大的区别——"影像"[②]。正如这本书的序言所讲，在某种意义上，"这本著作（《基督教的本质》，作者注）的内容是病理学的或生理学的，

---

①《马克思恩格斯文集》(第一卷)，人民出版社2009年版，第112页。

②"构成宗教跟哲学的本质区别的，就是影像。宗教在本质上是戏剧性的。上帝本身就是一个戏剧性的存在者，也就是说，是一个具人格的存在者……在宗教中，影像，作为影像，就是事物。"[德]路德维希·费尔巴哈著：《基督教的本质》，载《费尔巴哈哲学著作选集》(下卷)，荣震华、王太庆、刘磊译，商务印书馆1984年版，第4页。

而其目的则是治疗学的或实践的"①。

其二，真理是关于人的真理，不是抽象的非生活的真理②，真理是实践世界的真理。费尔巴哈从"人脑以外存在着的东西"产生出哲学思想，认为自己的哲学是一种新的哲学，与之前所有的哲学有着本质区别，为什么呢？因为这种哲学是和人的"真正的、现实的、整个的本质相适应的"。只有这种"人化"了的哲学才是他认为的真正的哲学。这种哲学的原则将人——这种"最现实的本质"和"真正最实在的存在"作为"最积极的现实原则"。③正因为如此，他从唯物或者说从"人脑外"存在的客观对象出发得到的认识观，得到了马克思的高度赞扬。

其三，宗教是人的本质的反映，宗教的神秘性来自于人的本性的神秘性。④"不是我，而是宗教本身真正否认和否定非人的，仅仅是理性本质的上帝；因为，宗教先使上帝成为人，然后才使这个具有人的模样、像人一样地感知和思念的上帝成为自己崇拜和敬仰的对象。"⑤这里费尔巴哈将黑格尔宗教哲学中的"绝对精神"巧妙地转化为"人的本质"。那么，什么是"人的本质"呢？费尔巴哈指出："你由对象而认识人；人的本质在对象中显现出来：对象是他的公开的本质，是他的真正的、客观的'我'。不仅对于精神上的对象是这样，而且，即使对于感性的对象，情形也是如此。即使是离人最远的对象，只要确是人的对象，就也因此而成了人的本质之显示。"⑥看上去，似乎只要是人的认识对象，就可以在某种程度上反映"人的本质"，或者说就成了"人的本质"的显示；而且这个认识对象可以是意识中的对象，当然更可以是"一般现实的

---

①③④⑤⑥〔德〕路德维希·费尔巴哈著：《基督教的本质》，载《费尔巴哈哲学著作选集》（下卷），荣震华、王太庆、刘磊译，商务印书馆1984年版，第5、13~14、17、14、30页。

②"真理是人，不是抽象的理性；是生活，而不是那停留在纸张上，且在纸张上求得其完全而相适应的存在的思想。"〔德〕路德维希·费尔巴哈著：《基督教的本质》，载《费尔巴哈哲学著作选集》（下卷），荣震华、王太庆、刘磊译，商务印书馆1984年版，序第9页。

存在者和事物"。但这显然和他的一些其他思维是冲突和矛盾的，当然这样的情况在思想界和哲学理论中也是广泛存在着的。例如，他也曾提出，"不应当像神学和思辨哲学那样将现实性之规定和力量——一般现实的存在者和事物——当作某个与它们区别开来的、先验的、绝对的、抽象的存在者之任意的符号、工具、象征或宾词；我们应当在下面这样的意义来认识和把握它们：在它们自为地具有的意义上，在同它们的性质、同它们的借以成为它们这个样子的那种规定性相同一的意义上。这样，我们才掌握了达到真正的理论和实践之关键"①。也就是说，"一般现实的存在者和事物"并非某个绝对的本质或存在的外部现象；它们本身具有自为的意义，它们自身便是与自己的规定性相同一的。只有这样的理解才能真正将人从思维的泥潭中解救出来，面对真正的真理——实践的真理。但是，这样的"一般现实的存在者和事物"如果成为"人的认识对象"——在费尔巴哈这里，这是经常发生的事情——那么这个时候，我们又如何理解他的"人的认识对象"反映"人的本质"这一思想呢？可见，费尔巴哈关于"人的本质"和"一般现实的存在者和事物"的看法存在着结构上的冲突和矛盾。人的活动，当然也包括人的认识活动，到底如何苍白且无力地去调和理性与自然世界间存在的对立呢？这比起黑格尔对于文化现象是绝对精神自为地实现其自身环节的理论就显得有些缺乏理论性了，所以费尔巴哈哲学，在哲学思辨性和历史性方面的确也有其自身的局限性。

其四，宗教是人的自我意识，处理的是人与自身的关系。"宗教中的每一进步，都是更深入的自我认识。"它（"至少是基督教"）的对象和内容也完全是人性的对象和内容。如此，宗教所要处理的则为它们自身

---

①〔德〕路德维希·费尔巴哈著：《基督教的本质》，载《费尔巴哈哲学著作选集》（下卷），荣震华、王太庆、刘磊译，商务印书馆1984年版，第19~20页。

的关系，即"人与自身的关系"。

其五，宗教是人的心灵之梦。"不要忘记，宗教本身，不是在表面上，而是在根底里，不是在见解和想象上，而是在内心和其真正的本质中，除根深蒂固地信仰着属人的存在者之真理性和神性外，再不信仰别的了。"①

马克思认为，费尔巴哈将宗教世界归结于他自己的世俗基础，并使自己和自己本身分离。所以，若要理解这种世俗基础，首先就要从其矛盾性出发去理解，然后排除此种矛盾的方法，并在实践中使其具有革命性。

在哲学史上，费尔巴哈也试图解决那一组永恒的矛盾对立关系——人和自然的关系，但他并不注重人的社会属性，即历时性，甚至不注重共时性，也即人的自然属性。当然费尔巴哈将人看成是自然界中的自然物，但这个自然物并不因其为人而具有独特性，它和自然界的其他自然物并没有任何不同。这样的一种矛盾性质，说到底，其实并非真实的对立，或者说同一方面的事物"人"与"自然"之间并不存在对立。

三、马克思的人本主义实践

"哲学家们只是用不同的方式解释世界，而问题在于改变世界。"②事实上，马克思一直试图给科学主义和理性主义的矛盾一个出路，而调解的结果就是"实践"。他认为，"人直接地是自然存在物。人作为自然存在物，而且作为有生命的自然存在物，一方面具有自然力、生命力，是能动的自然存在物；这些力量作为天赋和才能，作为欲望存在于人身上；另一方面，人作为自然的、肉体的、感性的、对象性的存在物……因为他感到自己是受动的，所以是一个有激情的存在物……但是，人不仅仅是自然存在物，而且是人的自然存在物，就是说，是自为

①《马克思恩格斯文集》（第四卷），人民出版社2009年版，第287页。

②《关于费尔巴哈的提纲》，载《马克思恩格斯文集》（第一卷），人民出版社2009年版，第528页。

地存在着的存在物，因而是类存在物。他必须既在自己的存在中也在自己的知识中确证并表现自身。因此，正像人的对象不是直接呈现出来的自然对象一样，直接地存在着的、客观地存在着的人的感觉，也不是人的感性、人的对象性。自然界，无论是客观的还是主观的，都不是直接同人的存在物相适合地存在着"①。这就是"实践"的必要性，并且这样的"实践"注定是以人为本的，因为自然界与人的不适应性，所以这样的"实践"必然是人的实践。

马克思公开承认自己受黑格尔辩证法和费尔巴哈唯物主义影响颇深。他在谈到黑格尔辩证法时是这么说的："黑格尔的现象学及其最后成果——也就是作为推动原则和创造原则的辩证法——的伟大之处首先在于，黑格尔把人的自我产生看作是一个过程，把客观化看作是目的的丧失，是异化和这种异化的超然存在。因此可以说他抓住了劳动的本质，把客观化的人——现实的因而是真正的人——理解为人类自身的劳动结果。"②故而，马克思主义的实践观中出现了新的概念——"劳动"。"人"与"自然"如此的对立，而为达到其统一（同一）则只有通过"劳动"（人类实践活动）才能将自然变为"劳动"的对象，从而使两者产生联系（相互改造）并达到辩证同一。

马克思认为，包括费尔巴哈在内的之前的唯物主义思想的缺点是：对人们及人们所面对的客观世界和生活，并未作整体意义上的理解，只是局部和分裂地去看待；并未将其看作人这个主体的实践活动，而是谈客体的实践。他在《关于费尔巴哈的提纲》中指出："和唯物主义相反，唯心主义却发展了能动方面，但只是抽象地发展了，因为唯心主义当然是不知道真正现实的、感性的活动本身的。费尔巴哈想要研究跟思想客

---

①马克思：《1844 年经济学哲学手稿》，人民出版社 2000 年版，第 105 页。

②《马克思恩格斯全集》（第四十二卷），人民出版社 1979 年版，第 163 页。

体不同的感性客体，但是它没有把人的活动本身理解为对象的活动……因此，他不了解'革命的''实践批判的'活动的意义。"

革命的、实践批判的活动，其实也是思想与现实的对立统一的关系，马克思认为，思想从来都不能超出旧世界秩序的范围，为了实现思想，需要有使用实践力量的人，而"眼睛对对象的感觉不同于耳朵，眼睛的对象是不同耳朵的对象的。每一种本质力量的独特性，恰好就是这种本质力量的独特本质……因此，人不仅通过思维，而且以全部感觉在对象世界中肯定自己"①。可见，思维只是人类实践活动的一部分，实践还包括对象性的人的现实的、感性的活动本身。

就这一点，马克思在《1844年经济学哲学手稿》中特别提出并进行了强调：他认为人是从自然而生的，所以人的本质力量中具有自然性。自然性最重要的特点就是实践。在《关于费尔巴哈的提纲》中，马克思具体指出，"从前的一切唯物主义（包括费尔巴哈的唯物主义）的主要缺点是：对对象、现实、感性，只是从客体的或者直观的形式去理解，而不是把它们当作感性的人的活动，当作实践去理解，不是从主体方面去理解"。可见，马克思主张的"实践"是人所具有的主体特性。

对工人来说，"凡是成为他的劳动的产品的东西，就不再是他自身的东西。因此，这个产品越多，他自身的东西就越少。工人在他的产品中外化，不仅意味着他的劳动成为对象，成为外部的存在，而且意味着他的劳动作为一种与他相异的东西不依赖于他而在他之外存在，并成为同他对立的独立力量；意味着他给予对象的生命是作为敌对的和相异的东西同他相对立"②。

所以，马克思的"实践"还是对主体、客体的"扬弃"，从而实现"合一"（主客体统一）的过程；同时它也是矛盾的对立统一过程。这个

①②参看《马克思恩格斯文集》(第一卷)，人民出版社2009年版，第499、157页。

矛盾不仅仅是理性与非理性，也是自然与社会、人性与社会属性、阶级和自由等的对立，而"实践"则是矛盾对立统一的根本方法，而最基本的实践则是对于社会秩序的实践，即马克思所说的那个历史时期的工人对于资本主义的"革命"。

"宗教把人的本质变成了幻想性的现实性，因为人的本质没有真实的现实性……要求抛弃关于自己处境的幻想，也就是要求抛弃那需要幻想的处境。"①

总之，马克思主义唯物论是以"人类社会或社会化了的人类"为出发点的新唯物主义。从现代人类学研究的眼光来看，这是一种实践的人本主义人类学研究的领域，它具有科学性和人本主义的特征。

"我们是以从事实际活动的人为出发点，而且从他们的现实生活中，我们还可以揭示这种生活过程在意识形态上的反射与回声的发展……因此，道德、宗教、形而上学和其他意识形态，以及与它们相适应的意识形式便不再具有任何独立性了。它们没有历史，没有发展；那些发展着自己的物质生产和物质交换的人们，在改变自己这个现实的同时，也改变着自己的思维和思维的产物。不是意识决定生活，而是生活决定意识。"②

人是活动的主体，以人的实际活动为出发点，我们可以看到包括道德、宗教、哲学等的意识形态，及相关的社会文化（意识形态）都受到人类活动直接或间接的影响，人类生活及其历史决定着文化本身，而文化却是对人们这种生活的"反射"和"回声"。所以，马克思的结论是："不是意识决定生活，而是生活决定意识。"然而事实上，生活也并不总

---

① 《〈黑格尔法哲学批判〉导言》，载《马克思恩格斯全集》（第一卷），人民出版社1995年版，第1页。

② 马克思：《路易·波拿巴的雾月十八日》，载《马克思恩格斯文集》（第二卷），人民出版社2009年版，第461页。

是理论上整体的生活，生活是部分的、片面的，有时候还不是群体的，所以如果从宏观上来说，生活决定了意识；从微观上来讲，意识也决定着生活，当然后者的确是有条件性的。

当然，在社会学领域，马克思理论也具有相当明显的动力作用。

提到马克思，不免要提到他的合作伙伴，另一位思想家恩格斯。恩格斯在宗教领域内的研究有些是出类拔萃的，在今天看来依然如此。他认为宗教一神论的起源是这样的："所有宗教都只是那些控制人们日常生活的外部力量在人们头脑中的虚幻反映……在历史的初期，宗教就是自然力在人们头脑中的这种最初反映，随着进一步的进化发展，在各个民族中间产生了各种各样的化身。但是没过多久，社会力量也开始和自然力肩并肩地一起发生了作用——人类面临的这些力量都是外来的并且最初也都是人们无法理解的……经过更进一步的进化，各种神的所有自然的和社会的特征都集中到了一个全能的神身上，这个神只不过是抽象的人类的一种反映。这就是一神论的起源。"①

事实上，恩格斯对于宗教的理论认知更具有现代性。虽然他和马克思一致认为宗教与社会经济结构相关，但也认为阶级社会出现之前的宗教是与人类心理有关的。当然，对于实用的人类实践来说，如果协调了人与生存环境（自然和社会）的关系，那么也自然解决了心理的问题。

第二节　马克斯·韦伯

马克斯·韦伯和卡尔·马克思及杜尔凯姆被公认为现代社会学的三位奠基人，同时也是极富影响力的哲学家。特别是在宗教社会学领域，韦伯提出了一系列重要的理论观点，主要反映在《新教伦理与资本主义精

① 《反杜林论》，载《马克思恩格斯文集》（第九卷），人民出版社2009年版，第333页。

神》《中国的宗教：儒教与道教》《印度的宗教：印度教与佛教的社会学》《古犹太教》等著作中。作为宗教社会学家，韦伯主要关注宗教与经济的关系，社会结构与宗教行动的关系，特别是西方文明与宗教伦理的关系等。

在韦伯看来，社会学是这样一门科学，它试着阐明社会行动，以及对社会行动原因及作用的因果关系的解释。因为行动的个人把主观意图施加在行动上，所以"行动"这个概念实际上包含着：（1）行动包括所有的人类行为；（2）行动具有社会性。

可以看出，韦伯非常关注社会中"个人的行动"，也称之为"社会行动"。为什么是社会行动？因为他认为，由于行动的个人带着本身的主观意图，为了行动的顺利施行，需在行动的过程中不断根据他人的行为来调整自身的行为，从而本是一个带有个人主观意图的行为，在过程中就必然表达为一个社会性的行为。我们还看到，在这个社会行动中，人的情感、意志、思维、欲望、道德等都会对行动产生影响，但这个影响是受到制约的，是受到他人行动的制约的，也即是说，受到了由社会关系、社会价值、社会结构为基础的社会利益、社会制度和社会观念等的制约。

既然如此，那么就会产生这样一个问题：西方国家走向理性化的轨道何以可能？即，是怎么实现的？在解决这个问题之前，韦伯认为首先应弄明白"理性主义"如何解读。由于极为不同的理性化曾出现在所有文化圈的不同生活领域中，所以首先应认识清楚西方近代理性主义的特征及发源。因此，不能不考虑到经济的条件（"理性的技术与理性的法律"），但也还有赖于因果关系的一面，即人们采取的"实用—理性的生活样式"。其样式的"能力与性向"是不应为精神障碍所影响的，不然就会受阻。韦伯认为，在之前的世界里，人类生活样式的最重要的形成要素是巫术和宗教力量，以及相关的伦理义务和观念，所以对于宗教进行改革是为了以新的另外的形式代替旧有的形式对信仰者进行支配，这种新的形式广泛而深刻地深入到了人们社会生活和家庭生活的所有领域。为什么人们会忍受"史无前例的清教的专制暴政"？因为"民族上或宗教上的少数者，作为'被支配者'而与作为'支配者'的另一个集团处于对立的情况下，由于其自愿或非自愿地被排除于政治上的有力地位之外，通常特别强力地被驱往营利生活的轨道上，而他们当中最具天赋的成员，由于在政治活动的舞台上毫无用武之地，故而试图在这方面满足其名利心"①。还有一种情况是，"不管是作为支配者阶层也好，作为被支配者阶层也罢，也不论是作为多数者或是作为少数者，都在展现出一种走向经济理性主义的特殊倾向"②。韦伯认为是因为"生活态度"的不同，而这一点是由其长期受到的宗教教育而形成的，并非单由人们所处的外在"历史—政治"情况决定③。

那么什么样的宗教伦理使得人们形成如此的"生活态度"呢？韦伯举出新教的例子，认为这种教派具有一种"超尘出世"的气质，"特别是教友派与门诺派，无不是宗教的生活规制与事业精神的最强盛发展两相结合在一起"④。可见，这是一种比较积极的生活态度，可以理解为"劳动的精神""进步的精神"，诸如此类。深究其宗教特性则可发现新教精神的某些特定表征是与资本主义文化之间有"某种内在亲和性存在"的。这就是所谓的"资本主义精神"。"赚取钱财，只要是以合法的方式，在近代经济秩序里乃是职业上精诚干练的表现与结果……"，而这样的"精诚干练"，正是人们长期的道德训诲所由使然，即是资本主义文化

①③〔德〕韦伯著：《韦伯作品集·新教伦理与资本主义精神》，康乐、简惠美译，广西师范大学出版社2007年版，第14、14页。

②〔德〕马克斯·韦伯著：《韦伯作品集》（第七卷），康乐、简惠美译，广西师范大学出版社2007年版，第19页。

④门诺派（Mennonite），欧洲宗教改革后出现的教派。——原文注释。参看〔德〕马克斯·韦伯著：《韦伯作品集·新教伦理与资本主义精神》，康乐、简惠美译，广西师范大学出版社2007年版，第20页。

社会伦理的特征和本质。

那么，对于"适应资本主义的能力与宗教契机二者间的这种关联性，在资本主义的成长期里是如何可能发生的?"韦伯认为最有可能的解释就是：宗教可以为适应资本主义的意图和能力作一个伦理道德上的解释，这是一种从宗教心理上给予信徒的抚慰感以至于动力。因此，职业"劳动"对于资本主义社会中的从职者来说就成了一种"天职""神示"。其中，"卡尔文教派在历史上是'资本主义精神'之教育的担纲者之一"①。故此看来，韦伯认为近代资本主义扩张的原动力，最关键的就不再是原始资本如何，而是是否具有可以发展的资本主义精神的动力。这种具有典型"资本主义精神"的企业家，"是在严苛的生活训练中成长起来，心细又胆大，尤其清醒且坚定、敏锐且全心投入工作，带有严格市民观点与'原则'的人"②。这些特点综合起来便会形成一种"生活样式"，而这种样式是应对那个具体的社会历史时期适合的风格。那么，与此类生活样式不符的，也即是无法顺应资本主义的成功条件者，那么成功离之必然越来越远。而且，当这种"生活样式"形成之后，宗教对于经济的影响便不易被感知到了。

而所谓的"经济的理性主义"，韦伯认为，可以将它理解为"从科学观点来重组生产过程，用以解除生产过程里人类天生自然的'生物'的限制，从而使劳动生产力得以扩大……"③仅仅从这样的理解来看，似乎应将"资本主义精神"理解为理性主义发展中的一部分。但这只是对理性主义的理想，事实是，经济的理性不等于政治、法律等领域里的理性，换言之，理性主义的历史表明它并不是平行于各个领域来向前发展的。

---

①②③〔德〕韦伯著:《韦伯作品集·新教伦理与资本主义精神》,康乐、简惠美译,广西师范大学出版社 2005 年版,第 40、44、49 页。

"如果将'实际的理性主义'（Praktischer Rationalismus）理解为：有意识地把世界上的一切连接到个我的现世利益上，并且以此为出发点来做判断的生活样式……我们已可说服自己，此种理性主义绝非资本主义所需的那种人以'职业'为使命的关系得以滋长苗壮的土地。……'理性主义'是个历史概念……那个曾经是而且至今一直都是我们资本主义文化最特色独具的构成要素，亦即'天职'思想与为职业劳动献身——一如吾人所见，这从享乐主义的利己观点看来是如此的非理性——得以从中滋长苗壮的那种'理性的'思考与生活，到底是何种精神孕育出来的？在此，让我们感兴趣的，正是存在于此一'天职'观（如同存在于任何'职业'概念）当中的那个非理性的要素，到底是从何而来的问题？"①

不能把"资本主义精神"看成理性主义的表达，韦伯认为其中必然存在着非理性的要素，那么，问题在于这种非理性要素从何而来？

我们看到，"在'天职'的概念里表达出了所有基督教新教教派的中心教义……转而认为，经营为神所喜的生活的唯一手段并不是借着修道僧的禁欲来超越俗世的道德，反而是端赖切实履行各人生活岗位所带来的俗世义务，这于是也就成了各人的'天职'"②。这是宗教改革所带来的重大意义，它赋予世俗职业生活以宗教道德意义。但是，我们也不应当认为，"资本主义精神"只能够是宗教改革的某些影响的结果，甚或认为，资本主义经济体制是宗教改革的产物。资本主义商业经营的某些重要形态，比起宗教改革，老早就存在的这个历史事实，已断然驳斥了如上主张。③

从这里，我们有必要对马克斯·韦伯的宗教社会学有更深入的研究。

---

①②③〔德〕韦伯著：《韦伯作品集·新教伦理与资本主义精神》，康乐、简惠美译，广西师范大学出版社 2005 年版，第 50~51、54、68~69 页。

既然"社会行动"以如此一种磅礴之势出现在韦伯的社会学理论之中，那么他认为由宗教及巫术因素引发的行动的最基本原因是——宗教"神圣"的许诺：可以获得此世之福，且在世之生活长久之类。①以原始人的经验为法则，看上去这些行为也是经济性的理性行为。然而，韦伯认为从现代的观点来看，由于这类行为因果的推断有正有误，那归类为有误推断的行为则为"非理性的"行为，具体表现为"魔术"等。

此时出现"灵魂"观念与"神祇""鬼怪"观念。它们如何与人的关系构成宗教行为呢？在这个过程中，巫术开始逐渐地由一种操作转变为象征性的行为。这也意味着自然主义逐渐被象征主义所取代，"由于认为在真实的事物背后尚有其他独特的、灵异的现象，真实的事物只不过是这些现象的征候（或更确切地说——象征），因此必须努力去影响在具体事物中展现其自身的灵异力量。做法则是透过一个精灵或灵魂致意的行动，因此也就是透过'意味'着某事的手段——象征……逐渐地，事物超越其实际（或可能）内在固有的效用而'意义化'，人类也企图借由有显著象征意味的行为以达成现实具体的效用"②。

对于祖先崇拜来讲，"没有一种共同体行动，也没有一种个人的行为，是可以没有其对应的特定神祇的。的确，如果结合体关系要得到永久保障，就必须有这样的一个神。当一个团体或者是一个结合体关系并非个别掌权者个人权势的基础，而只是一个真正的'团体'时，它就需要有自己的一个神"③。

那么，韦伯提问，是谁被视为对个人日常生活中之利害关系有较强的影响力？是理论上的"最高"神祇，还是地位"较低"的精灵及魔鬼？

---

①"使你可以得福……并使你的日子在地上得以长久。"（《申命记》,4:40）参看〔德〕马克斯·韦伯著：《韦伯作品集·宗教社会学》,康乐、简惠美译,广西师范大学出版社2005年版,第2页。

②③〔德〕韦伯著：《韦伯作品集·宗教社会学》,康乐、简惠美译,广西师范大学出版社2005年版,第8、17页。

"通常的结果是，新近合并的共同体之各式各样的神会结合为一个宗教的统合。在此统合体中，神祇的实证与功能的专业化——不管原先的专业，还是由有关某神影响力之特殊范围的新经验所决定——以一种分工形式再出现，只是明确度各有不同。"①

所以，如果具有普遍认同的神祇，一般是理性思维的要求：宗教从业者与世俗之人的合理主义需求会形成神祇系统的理性原则。它既是神圣宇宙秩序的自然运行，又是神圣社会正常秩序的保护者。不过，韦伯认为，即使"超自然"力量的概念演进并具体化为神祇，而且是独一超越的神，也不会使得巫术现象消亡，但可能使其出现两种情况：(1)利用巫术式的咒语"强制"比附为具有类人灵魂的"神"，并为人类服务；(2)皈依被赋予地上君王相似权力的神，以"崇拜"获得"神"的恩宠，以期得到庇护。当此人格化的神祇力量及个性越来越被得到承认，则其中的巫术因素逐渐隐退，此时的神灵力量巨大不说，关键是人无法再用强制的方法令其服务于己。所以，建立与神的良好关系，从而接近和得到其恩宠成为更有效和实际的方式，即人们通常总是要求得此世最大的吉与福，而避过此世可能的凶或祸。但也不排除有特殊的情况，即宗教有可能"指向超越此世的灾厄与利益之外"，这种特殊的情况可能有两种：(1)对于人与神关系的理性思考；(2)原初实际与利益的理性主义的倒退，不断地"非理性化"，致使宗教行为越来越超越日常经济活动的可见利益。

对于神祇来说，他们也被要求要么服从某些神圣秩序，要么本身是一个具有特殊神意内涵的秩序创造者。如果是前者，则其可能亦被背后的超世俗、非人格化的力量所控制，如希腊神话中的"命运"(它"是个非理性的、伦理上中立的、有关任何个人命运之最基本方面的宿

---

①〔德〕韦伯著：《韦伯作品集·宗教社会学》，康乐、简惠美译，广西师范大学出版社2005年版，第25页。

命"① 对于神的控制（这亦可以解释许多祈愿缘何无效）。当然，按韦伯的说法，这种情况其实是"英雄精神"与"宗教性"或纯粹伦理性之"理性主义"间紧张关系的表现。如果是后者，这个创造者本身是一种"世界之和谐与合理秩序的神意之力"，一般情况下，既作用于宇宙层面，又作用于伦理和社会层面。它是非人格性的神意力量，保障着所有存在的规则性与恰当的秩序体系，当然就包括支配宗教仪式、宇宙和人类行为的所有固定秩序。其实质是一种理性主义的官僚体制观点的表达，也被视为"天则"——"超神的、与宇宙的'合一'"的力量。由于这样的神祇被认为是创造者，那么他当然就会保护他所创造的秩序不被破坏，故而一种宗教伦理观得以发展，这就产生了一种独特的赢得"神"欢心的方式：遵守戒律。所以，就出现了这样的一些观念："不管任何人，只要他敢蔑视神意所制定下的规范，他就会遭到特别守护这些规范的神祇的伦理上的不满所报应。"②这就使其他一些情况成为可能，"一个团体之被敌人征服或遭受其他灾难，并非由于他们神祇的无力，而是由于他们招惹了神祇的愤怒，因为他们违反了神祇所守护的律则而招来他的不满"。所以，这个时候需要被谴责的是这个整体的罪恶，而之前的不幸则是神的试练，以此契机告知人们他的意图所在。这就是一种"宗教伦理"形成的自然基础，从而也逐渐与巫术区分开来。

韦伯常常提到的一个词"卡里斯玛禀赋的拥有者"，同时拥有个人使命，因而宣扬宗教教义或神的启示，通常也被称为"先知"。他与社会祭司的区别在于：是否具有个人的卡里斯玛，祭司通常因其宗教职位而具有权威和施行救赎的权力。"先知的特征在于，他们的使命并非得自任何其他的人，而只是如其原本就当即那样的掌握住它。"③这个听上去就

---

①②③〔德〕韦伯著：《韦伯作品集·宗教社会学》，康乐、简惠美译，广西师范大学出版社2005年版，第44、53、64页。

非常直觉化的语言意即"神授""天启",是具有宗教目的取向的。当然也不排除个别先知,当其认识到他使命的基础在于将利害关系表达为政治关系和军事行动以进行掠夺。但事实上在具体的个人身上,这些清楚的概念并不是永远清楚的,多数时候都是跨界的。韦伯进行的区分只是基于学术研究习惯的必然区分,是理论性的,在实际生活和历史上,它的确是混合,甚至是有些模糊的。但是韦伯认为这种宗教导师与其信仰者之间的关系,确实也是具有权威性的非常坚固和恭顺的关系。

无论如何,先知带来的神的启示有时候是预言,后者将逐渐统一此圈子里人们的世界观。一般来说,这样的世界观应当是有意识的和有意义的,并且它受到实际价值的支配,在逻辑上并不一定具有一贯性。虽然在这种统一生活观的统筹下,具体的行为方式也许各不相同。而且,韦伯还认为,"这个'意义'也永远包含下述重要的宗教概念:视'世界'为一个'宇宙',这个'宇宙'被要求能形成多少个'有意义的'、有秩序的整体,'宇宙'的个别现象都必须就此立场来予以衡量与评价"①。

在先知的信徒中,有些人的加入是随机性的,这种社会行动会日常化,从而形成持久的"教团"的可能。教团的形成和运作离不开宗教人员的推力(即使只是基于纯粹的经济利益),这个共同体具有确定的权利和义务,通过持久性制度的运作,先知的教诲也就融入了信徒的日常生活,为着宗教目的而运转,这是信徒教团。许多小的教派衍生于这一过程中。

事实上,教派主要表达的是政治权力与教团之间的关系,甚至信徒的"实质影响力"(在政治上)也可能和"教团组织之欠缺"相结合。但教团的宗教性决定了教团内部祭司阶段和信徒间的关系,在其宗教的

---

① 〔德〕韦伯著:《韦伯作品集·宗教社会学》,康乐、简惠美译,广西师范大学出版社 2005 年版,第 75 页。

实际效果方面，是具有决定性意义的。所以这一关系是最基本的关系，是所有力量的基础。为了保有这一关系的良好运转，祭司要从三个方面进行控制："1.预言，2.信徒的传统主义，3.信徒的知性主义。"①

可以说，教团的建立赋予了教义特殊的重要性。为保持在信徒心中的优势地位，教说的区分（判教）就变得格外重要，因其非宗教性动机的强化——执着于一些非常难以理解的教义，避免形而上学的理论解释，制止无差别主义，强调信徒宗派归属的重要性等等。不过一些东方宗教更强调实践性伦理的特征：目的是为了终极解脱。在韦伯看来，"就社会角度而言，基督教是一个基本上由小市民信徒所构成的教团宗教，这些小市民对纯知识主义抱持相当怀疑的眼光"②。事实上，在宗教领域，由于宗教性所决定的思维方式，注定了市民阶层的绝大部分教徒对于纯知识主义抱持着这样的态度。不仅如此，在宗教学研究的学术领域，这样的研究态度也并不是大有人在。这不仅是一种学术眼光极度狭隘的表现，更是其认知曲解和与非黑即白的绝对化认知谬误的表现。对这样的现象，西方式的理性主义哲学训练的确是有效的。

"在近东，非希腊化的小市民阶层出身的基督教僧侣日增；这点不但摧毁了近东的希腊化文化，而且也使那儿理性的教义构建告一终结。"③

农民一般会在遭受奴役及完全贫困之时，才可能成为宗教的信徒，这个宗教有可能是本土的，也可能是外来的。但民间宗教不会有伦理化的倾向，即使是在理性伦理化的运动中，农民也很少扮演责任者的角色，除非"一种共产主义——革命的形态"，才会将他们卷入理性伦理的运动。换句话说，基于既有的伦理性基础上的宗教行动才可能将农民与宗教要求结合起来；反推得之，农民相对更多地会成为"巫术性"宗教的责任者。

---

①②③〔德〕韦伯著：《韦伯作品集·宗教社会学》，康乐、简惠美译，广西师范大学出版社2005年版，第84、95、95页。

"总而言之，农民基本上仍附着于节气巫术、泛灵论巫术或仪式主义；就算有任何伦理性宗教的发展，其重心——不管是对神还是祭司——仍然是基于一种'施与受'的严密的形式主义之伦理。"①

"'乡下人'实际上乃是'无神者'之同义词，住在乡下的不管在政治上还是宗教上，都只能算是二流的犹太人。因为要农民严格按照犹太教的礼法过着一种虔敬的生活，实际上是不可能的，这在佛教与印度教中也不可能……犹太神学……实际上的影响是，使得犹太人几乎不可能从事农业……早期的基督教里……乡下人根本就被视为异教徒。中古教会的官方教义基本上也将农民视为较低级的基督徒，不管如何，对农民的评价皆极低。宗教上赞扬农民，以及相信农民之虔敬具有特殊之价值，是相当近代的发展结果。"②

城市被视为宗教虔敬的中心。韦伯认为，基督教的特质——伦理性救赎宗教，在个人性的城市更使其有发展的可能。新生的宗教运动，不再是仪式主义、巫术及形式主义的再诠释了。

军事贵族，在韦伯看来，特别是封建势力的军事贵族，一般也不容易成为理性的宗教伦理的"担纲者"，但"当先知型宗教对其信仰战士有所许诺时，它自然会结合贵族的身份感觉。这种圣战观念基本上肯定了一个世界神的排他性以及不信者在道德上的邪恶，这些不信者乃此一世界神之死敌，他们跋扈的存在更引起神的正义之怒……这种结合首先见之于伊斯兰教"③。

对于社会制度来讲，官僚制是冷静的理性主义的"担纲者"，同时它可以保障"一种有纪律之'秩序'的理想与绝对价值标准"。其特征有二：(1)对非理性宗教的蔑视；(2)对非理性宗教的利用（利用其来驯服人

---

① ② ③〔德〕韦伯著：《韦伯作品集·宗教社会学》，康乐、简惠美译，广西师范大学出版社2005年版，第106、107~108、111页。

民）。其实质为一种机会主义—功利主义的技巧。

"只要这个民间宗教所呈现出来的形式仍在公认的国家祭典的范畴内，官吏至少在表面上仍会予以尊重，视此种尊重为相应于其身份的一种习惯性义务。巫术——特别是祖先崇拜——的持续保留（以确保社会之顺从），使得中国官僚制能完全压制任何独立之教会与教团宗教之发展。"[1]

这里要重点谈谈"理性主义"。韦伯在《宗教社会学》中谈到的"理性主义"主要涉及经济的理性主义与宗教—伦理的理性主义。近代资本主义获取利润的方式通常是与阶层间的理性的、伦理的教团相联系的。在韦伯看来，一个人要是离以政治为取向的资本主义阶层越远，他就越可能加入某个伦理的、理性的教团宗教。也即，如果一个人越接近近代理性经济经营的主流阶层，就意味着更接近具有市民经济阶级性格的阶层，也就更容易接近一个伦理的、理性的教团宗教。这意味着在经济理性主义与某种伦理性宗教之间的确存在着某种相关性。韦伯是以基督教为例的，他认为基督教从一开始就是一个职工的宗教，因为它的救世主是小镇上的职工，前期的主要担纲者、信徒也都以手工业工人和流浪职工为主，他们对农业事务不甚熟悉，整个教团都具有强烈的城市性。他们代表着中世纪的小市民阶层，当然后者不仅仅只限于对基督教表达其热忱。事实上，职工阶层虽然易对教团宗教、救赎宗教及理性伦理宗教产生亲近感，但并不意味着其会有完全一致的选择。对于职工阶层来讲，他们不再是之前社会的血缘团体，而是以职业团体和宗教共同体来代替之。由于城市居民与农民阶层的生活环境不相同，生存条件不相同，从而对自然的依赖相对农民少得多，

---

[1]〔德〕韦伯著:《韦伯作品集·宗教社会学》，康乐、简惠美译，广西师范大学出版社2005年版，第117页。

更易于理性地在社会中估量和运作。而职工则因为其职业关系，可能会更容易接受这样一些观念，如诚实、勤奋、价值报偿等等。这些亦是构建一个理性世界观的理念要素。但农民对此类观念的反应就没那么亲近了，他们所亲近的是巫术力量及相似观念。在这一点上与农民观点相近的还有战士和大实业家，因为战争和政治的优势可使之获得经济上的利益，故而这类人与宗教里的伦理和理性的观念相当疏离。韦伯的这一结论可以引导我们更多更深刻地分析当今世界政治与宗教现象，有利于解决当前的实际问题。

韦伯指出，职工职业的专门化，往往使之形成一种统一的生活态度，但这种生活态度不足以产生一种伦理的宗教性。如果这时候有了一个理性及伦理类型的教团宗教，便可较轻易地获得如此的职工阶层（主要是城市小市民阶层）的信徒，且这种伦理还能对其生活态度发生持久的影响。

相对来说，无产阶级的理性主义，相较于那些完全占有经济优势与高度的资产阶级的理性主义（其实是一种理性主义的主动和被动状态），因其不易具有一种宗教性格及产生某种宗教，故而他们通常会找到思想上的宗教替代品。

最下层的极端生活的人们更热衷于一种救赎的宗教，这种教义在传播时，常导致"救世主"的出现，至少也是越来越强调这种观念。当然，享有优势社会与经济特权的阶层很少有救赎的需求，反而他们希望宗教能够将自己的生活及处境"正当化"，即合理化其既有经济和社会地位及特权心理。

韦伯认为，知识分子将此世界理解为一个有意义的秩序，其对救赎的渴望不同于非特权阶层的因外在穷困的救赎，所以看上去离生活较远，但是更理论化和体系化。"自从知识主义抑止巫术信仰后，世界的各种现象被'除魅'了，丧失了其巫术性的意义，而成为简单的'存在'与

'发生'，其间再无任何其他'意义'可言。"①在韦伯看来，这样的意义导致知识分子有可能产生遁世的行为。有时候可能形成宗教性的救赎论。这也可以解释为何早期救赎宗教里颇多知识主义的原因。但是"随着主教与长老逐渐垄断了教团的精神指导权，这种知识主义即告消失。取代这些知识分子与教师的，首先是知识主义的护教者……在东方，此一发展的最后结果则为——在偶像崇拜的斗争中取得胜利后——出身非希腊人的最低社会团体的僧侣掌握了主导权……以及随之而来的半知性主义、半原始—巫术性的教会自我神格化的理想，就再也不可能完全根绝"②。他认为，基督教教会史（包括教义形式）相当多的都反映着其对抗各种知识主义的斗争。而且，"在一般修道士的信仰中，完全缺乏合理主义的倾向"③。

后来便不大可能出现新的由知识分子创造出的真正的教团性宗教。韦伯提出：（1）特权阶层有意维持既存宗教及社会差距，使之成为统治工具；（2）厌恶对于大众的启蒙运动，以免损毁精英团体及威望；（3）拒斥任何信仰，恐惧对于原典的割裂解释；（4）特权阶层对宗教问题与教会持冷漠的态度。

虽然如此，但神义问题里却始终存在着一个根本问题，按韦伯的说法就是，既然信仰的是一个具有普遍性、超越世俗性且崇高的神，那么他所创造出来且予以支配的世界就不完美，这又如何解释呢？

"唯有当神具备伦理性的权能之时，神才能在伦理的观点下支配人于彼世的命运……当彼世期待的力量愈来愈强时，换言之，当此世的生命在与彼岸相较之下，愈发显得不过是一时的存在形式，当此世愈来愈被认为是神从无中创造出来而因此是会再度成为过往的，并且创造者本身也被认为是从属于彼世之目的与价值的，当此世的行为愈来愈以彼世的

①②③〔德〕韦伯著：《韦伯作品集·宗教社会学》，康乐、简惠美译，广西师范大学出版社2005 年版，第 156~157、165、166 页。

命运为取向依归之时，那么，神与世界及其与世界之不完美的基本关系这个问题，就愈来愈被视为思维的当前要务。"①

当然，有了来世与末日审判，终究会对此世的正义与罪恶有所谓的"报应"，但是，此世是现实的，彼世终究是不确定和"幽微"的，那么对于人类行为的"惩罚"，"如何可能与一个伦理性的、同时也是全能的、最终本身要对这种人类行为负起责任来的世界创造者，统合在一起而论呢？"韦伯提出了《约伯记》中的全能的造物主信仰转化来的概念：因为全能的神与其所造物之居处的不同，所以他的意旨不是人类所能够忖度的，且以人类作为被造物的正义标准来衡量神的作为是错误的。这样就将之前的问题从根本上消除了。这是所谓的预定论。

但从形式上讲，预定论并不能完整地解决如上的问题（神义论问题），是印度的"灵魂轮回信仰"对之作出了彻底地解决——这种信仰将世界看成是一个由伦理的报应关系决定的"秩序界"。今生的无论是功还是恶，来生都可能得到相应的反馈，而灵魂不只是成为人这一种形式，还可能成为其他的动物或神灵，等等，可无数次地转世轮回到此世。此世的功德可被消磨，也可被积累，罪恶可被惩罚，也可功过相抵……这样就可以解释此世的苦。按这种理论，此世的苦难是由于前世行恶的报偿，或者说，这些都是具体的个人自己制造出来的。这样看上去，这种秩序基本上把泛灵论及"因果律"都从理论上圆满了，或者说在这个意义上理性化了。因为在这种信仰之下，人们的行为伦理不再是无意义的了，反而充满着完全的意义——代表神意的伦理完全可以通过秩序对于人意的调节自行得到解决。韦伯认为，此理论更以古代佛教最具代表性，在佛教这里，甚至"灵魂"这个概念也消解，因为整个世界其实都是执

---

①〔德〕韦伯著:《韦伯作品集·宗教社会学》,康乐、简惠美译,广西师范大学出版社2005年版,第179页。

着的"我"的各种妄想之下所行为的善或恶所织造。这样说来，表面上看到的罪，其实是人对自身的关怀，或者是因为要逃离轮回之苦，或者是不再增多苦难的重生。看起来，佛教使灵魂轮回说最终实现了圆满，从而完美地解释了神义论问题，但问题是，它和预定论的共同之处是，都没有涉及"神"的伦理性问题。

除了"肉体"的再生，还存在着"思想"的再生。在"救赎宗教"中，"再生成为宗教救赎不可或缺的一种信念特质——是个人必须掌握且在各自的生活态度中加以确证的"。"救赎"对于人的生活态度发生影响，因为欲求救赎，便寻求救赎之道，后者有纯粹的仪式主义，它与巫术一样都对生活态度有影响。而影响主要在于一种内在的心境状态，当这种心境状态由随机的和暂时性的，变为宗教皈依与虔诚信仰所追求的日常生活的常态的时候，这种宗教实践就成了一种具有神秘性的个人经验。这里的关节点在于：对于宗教信仰的虔敬是为了实现对于心灵的某种状态的追求。在韦伯看来，这种日常化为仪式主义的宗教行为，会使信徒的非理性的行动增多。但它会通过一些间接的方法发挥伦理的功能，由此，其形式主义的一面便形成一个体系化的内容广泛的类似"法律"的体系，当然也包括日常伦理在内的体系性规则。这样宗教便向社会性的行为更进了一步。但显而易见，在这里，个人行动是社会伦理性的衍生物，而其重点却是个人的宗教修为。在如此的宗教实践中，有一个环节称为"人的自我神化"。因为只能通过这种方式，那种心灵的转化才会"变成一种持续的状态"。

"为了提高这种宗教抱持的意识性，狂迷与非理性的、光是一时激动的、感情性的'拟死状态'，便由有计划的抑制身体机能的办法所取代，诸如：不断的节食、性的节制、呼吸的调节，等等。此外，又将心灵现象与思考导向有系统地集中心意于纯粹宗教性质的事务上来加以训练，诸如：印度的瑜伽术，圣音（'Om'）的不断反复、对圆形及其他图形的冥想以及将意识有计划地加以'空无化'的修炼，等等。"①

的确，"救赎方法论的理性化"必然还要超越以上的方式，即"朝着结合身心健康术与对一切思考与行为"及"加以同样讲求方法的规制这个方向不断发展。但实际上这个问题并无法有某个绝对的答案，因为某个领域的幽微与不明确⋯⋯"②

韦伯于是在这里谈到了"人类宗教资质的差异性"，认为就如同巫术可以在自身中唤起进入"灵魂"离体状态的卡里斯玛，这样的宗教资质并非任何人都能具有，所以能够在日常生活中持续地保持那种内在的心灵状态的宗教境界（以维持神之恩宠）的卡里斯玛同样不是人人皆有的。当然就这个问题来说，是否具有特别的卡里斯玛也是需要确证的。

如何对其理性确证呢？韦伯认为，对于宗教修为者来说，一般要"禁欲"，禁欲有两种情况，都会成为一种理性的"求全"的"天职"。这里只介绍其中之一，即虽然对于财富的享受是被禁的，但由于其"天职"，忠于理性的伦理秩序并遵循宗教要求的合法性来经营的话，如果得利，则必是神对其经济生活态度的赞赏。人天生就应该理性、清醒地参与具有理性目的的团体，通过团体的活动和目标达成神的设定。总之，"神意所许的则是：基于法律的理性的秩序之支配"。这样的禁欲者必然是理性的，他不只是理性化了自己的生活态度，也拒斥伦理上的非理性事物，即在现世秩序内的个人情感反应。

"亚洲的宗教里，诸如道教的教主，或是见诸中国与印度各种教派中的世袭性教长，往往要不是秘法传授者，就是人物崇拜的对象，要不然⋯⋯是带有巫术性格的纯粹修道僧宗教的首长。唯有在西方，修道僧变成理性的官职层级制内的一支训练有素的军团，而修道僧之出世的禁

---

①②〔德〕韦伯著：《韦伯作品集·宗教社会学》，康乐、简惠美译，广西师范大学出版社2005年版，第202页。

欲则逐渐地被体系化为一种达成积极、合理之生活态度的方法论。同时，也唯有在西方，理性的禁欲更进一步地被（禁欲的基督新教）带入世俗的生活里。"①

　　事实上，韦伯认为在全世界范围内，唯有基督教新教的职业伦理才将宗教上的救赎确定性与之联结为一个"在原则上和体系上"的统一体——透过现世的理性行为可实现超绝的神的意旨，所以其宗教特性决定了他们在俗世的理性生活中总可以保持其宗教信仰之意义的清醒性和确定性，即俗世的成就也是神的祝福的表征。"此种禁欲之单一明白的目标，即在于生活态度之规律化与方法化，'职业人'即其典型的代表。因此，社会关系之理性的切事化与组织化，是为西方现世内的禁欲——与世界其他所有宗教相对照的——之特殊的成果。"②

　　关于"因信得救"，韦伯谈道：基督教一直纠结着的一个争论——到底是神学的"知"还是素朴的"信"，才是较高的或唯一的救赎的保证；当然，接受教义是宗教信徒的信仰基础。不过：（1）宗教神秘主义者并不一定如此认为；（2）当"宗教伦理全面理性化后，知识主义会成为附属性的"，所以信仰中具"信念"的原则是必须的。"'信仰'会根据其发展的方向而呈现出不同的形态"，的确，信仰中的信念一旦发展得更加体系化，那么终归会变成无规范主义，这个特别常见于宗教的神秘主义领域。但是在伦理的要求与"信仰"的宗教间建立平衡却不是一件容易的事情。当宗教对整个社会的习俗和律法发挥了"定型化"的作用后，法律的支配性就构成了秩序的理性化，随之成为经济的理性化的限制之一。基于"信念伦理"的宗教义务，韦伯提出，如果其体系化了，则会突破个别规范的定型化，可能为宗教救赎的整体生活态度带来"有意义"的影响。

---

①②〔德〕韦伯著：《韦伯作品集·宗教社会学》，康乐、简惠美译，广西师范大学出版社 2005 年版，第 223、224~225 页。

宗教伦理的理性营利法则决定了其对于收取利息的态度是憎恶的。这表达了一种宗教伦理生活的理性化与经济生活理性化之间的关系。但是制度化的宗教总是需要经济资源支撑的，因此在追求经济利益的同时，行会会关心其成员个体灵魂的救赎情况，提供"赎罪券"给他们，或者后者在遗嘱里的"善财及捐赠"。但是，总归来说，"负有严格伦理标准的人就是不能从事营利事业，此一事实并不因赎罪券的恩赦，或是反宗教改革后耶稣会因概然论的伦理下极端松弛的原则，而有所改变。只有那些在其伦理思考上得以放纵的人，才适合从事牟利"①。不过，韦伯谈道，基督新教的禁欲创造出一种非出自本意的资本主义伦理，"因为它为最虔诚及最严守伦理的人打开了通往营利事业的道路。新教将企业的成功归之于采取一种理性的生活态度的结果"②。在新教中，将利息合理化了：认为利息是借出资金者的业务利益，是正当的。

总而言之，韦伯的社会学研究离不开在宗教学领域的理论实践，或者说他的社会学只有在他所研究的宗教范畴内才具有自身的特色，所以他的社会学可以被称为"宗教社会学"理论。所以，我们也可以看出韦伯的社会学最大的特点其实是"人本主义"，这样的"人本主义"是指从"人的意识"，特别是人的意识的由低级到高级，由非理性的到理性的一个演变过程，也是一部人类的成长史和进化史。这一特点在杜尔凯姆的社会学中也有所表现。当然，在马克思的社会学中，也讲"人本主义"，但马克思的"人本主义"与之最大的不同就是，他的着重点落在"物质"上，更多的是实践的客观性，而韦伯则着重落在"意识"和"心灵"事实上，更多的是社会现象、事实（如宗教、法律、习俗等）对于社会结构的表达和衍化。

---

①②〔德〕韦伯著:《韦伯作品集·宗教社会学》,康乐、简惠美译,广西师范大学出版社2005 年版,第 265、265 页。

在韦伯的《宗教社会学》中，他就明显沿着一个思想中预设的由非理性宗教—理性宗教—理性宗教与世俗生活（经济理性化）的主线讲述一个宗教理性化与经济理性化相互联系的过程，虽然其中的主要观点未必可见诸多宗教的共性表现，但的确绝大多数可适用于对基督教新教的社会学解释。

第三节　杜尔凯姆

杜尔凯姆，也译为涂尔干，著名社会学家，近代社会学的三大奠基人之一。他的理论不但在社会学领域，而且在哲学领域和思想界也引起了巨大影响。

杜尔凯姆认为社会事实是一切其他事实和存在的基础，一般也把这种社会学称为社会本质主义的社会学。他对于宗教领域进行研究的目的是：发现人的意识和社会秩序之间的关系，了解人的宗教本性。他的研究及理论是其社会学和实践经验研究的结合。他建立了一个开放的、具有各种矛盾和可能性的理论体系，提出了社会学研究的重要问题，为人类学研究提供了思路和积极影响，是宗教人类学的典型性研究。在他看来，宗教是一种社会现象，同时也是一种社会事实，它是由之前的社会事实形成的。杜尔凯姆认为的社会事实包括两部分：（1）与思想意识有关的部分；（2）与社会组织有形设置有关的部分。

有人认为在杜尔凯姆的社会学研究对象中，"各种特殊的、反常的和病态的现象不能算作社会学研究的对象，它们在对社会事实的考察中并不具有合法地位"①。因此，他的社会学看上去是对一种思想的理想和

---

① 〔法〕埃米尔·涂尔干著：《社会分工论》，渠东译，生活·读书·新知三联书店 2000 年版，第 3 页。

谐状态的社会现象的研究。

杜尔凯姆谈到科学的道德时说，所谓科学的道德，并非是从所谓的实验科学的前提推演出来的学说，而是对于道德现象的各种特征进行研究，通过这样的研究方法找到解释道德现象的规律，这才是科学的方法和学说。①例如，他谈到人性的问题时，认为古罗马的人性概念之所以不像今人之广博，并不是因人的有限智识会带来缺憾，而是因为现在的人性观念并不契合当时的罗马国家。所以，"社会结构的变迁必然会导致道德的变化。道德的形成、转化和维持都应该归于人类经验之源，因此，道德科学的目的就是要确定上述这些原因"②。不过具体到研究方法上，"要想使事实秩序成为一种审慎的科学，光靠缜密的观察、描述和分类是不够的。用笛卡尔的话说，更加困难的是找到它们如何变成科学的角度：在事实中找到某些能够带来精确性的客观要素，可能的话，还要找到测量这些事实的方法。我们正在努力满足所有科学应该具备的条件"③。

当然，杜尔凯姆也认为，他的研究并非要将对经验事实的理论研究与实践分开，而是通过这样的科学研究以达成对现实的行为方式的引导。对他来说，道德是最值得研究的事实体系，因为"道德是与整个世界体系密切相关的实在化的事实体系。一个事实不能同时发生两次，即使在它最需要变化的时候。不仅如此，它与其他事实之间也存在着固有联系，它一旦发生变化，其他事实也会受到相应的影响，我们很难预测这一系列反应的最终结果……倘若所有生活事实，即道德事实不服务于某种目

---

① 当有人质疑这种说法，认为他并未将自由置于可见范围之内时，杜尔凯姆则这样回答："倘若这种事实(自由存在的事实)否定了所有的定律，那么它就会成为心理科学和社会科学，甚至所有科学不可逾越的障碍。"参看〔法〕埃米尔·涂尔干著：《社会分工论》，渠东译，生活·读书·新知三联书店2000年版，第6页。

②③〔法〕埃米尔·涂尔干著：《社会分工论》，渠东译，生活·读书·新知三联书店2000年版，第7、11页。

的及其相应需要的话，它便无法存在下去……同样，如果它变得面目全非，我们应该进行干涉，使它成为我们已经证明的样子。但是，这种干涉是有限制的，我们的目的不在于在当前通行的道德之上或一旁构建一种迥然不同的道德，而是要尽可能地矫正它，或部分地改良它"①。所以对道德的事实研究，不但是要了解它所服务的目的及其需要，还要对之进行可能性的改良，从而实现对于事实研究的意义。

杜尔凯姆认为，他的社会学研究的起点应该是个人人格与社会团结的关系问题。具体一点则是：为什么在"个人不断膨胀"的同时，却与社会的联系更紧密？他的着眼点是从社会团结的转型过程去研究社会分工。

事实上，集体生活并非一个规范调节的领域，杜尔凯姆认为：（1）职业伦理在特定的行为领域里只是初级形成阶段，概念与界定大多是模糊和含混的；（2）职业伦理还多属于公众意见范畴，并非具有法律性质。道德形成不了任何纪律，所以说"失范"。由于失范的状态形成了强者对于弱者的强力统治，但却不能被后者认同，这种状态就变成了非和谐的状态。这是与社会存在的目标相背离的——"社会之所以存在，就是要消除，至少是削弱人们之间的相互争斗，把强力法则归属于更高的法则"②。既然如此，他认为，由于一种"合理的自由"是一系列规范的产物，所以在这样的状态下，社会是无法有真正的自由的。而现今则是失范最严重的时候，这是近代以来经济功能发展的结果。经济现在居于社会最主要的地位，包括宗教在内——除科学领域——的许多领域都屈从于经济基础，而科学的知识在大多数情况下也是为经济相关的职业（其实还有比为相关职业效力更可怕的情况，那就是为与经济相关的人和事实）效

①②〔法〕埃米尔·涂尔干著：《社会分工论》，渠东译，生活·读书·新知三联书店2000年版，第9~10、15页。

力（服务）。杜尔凯姆认为，这即是道德沦丧的根源。人们越来越把精力投入到经济相关领域，一旦这些领域内的道德不再，那么更多的人就会越过道德范畴。所以，杜尔凯姆提出，规范应该是一种"义务上的行为模式"，即它在某种程度上是社会强力性的。而这种社会强力当然不是强权阶层，而是一个完整建构的社会才能拥有的，有最高地位的社会立法权威，只有这样的道德实体才能凌驾于个人之上。这时候，这种道德实体不仅要作用于个人，更要作用于每一规范的形成过程，即涉及多个领域。或者说，这时候的道德规范和法律制度在本质上是自我同一的。所以，杜尔凯姆认为，只有建立集体性的规范才能治疗失范，即建立公共制度，为职业团体的整合设置一系列的规范；宗教在人们生活中的重要作用，也使得它在这个过程中发挥着明显的功能，即构成道德环境，且道德律令的颁布也同样会使宗教形式发生变化。当然其前提是特殊的利益已经转变成了普遍利益，他认为这也是道德作用的源泉，此后一种共同的道德生活成了人们共同的追求。

在农业经济的时候，农民的生活跳不出家族血缘的圈子，这时候的它就发挥着一个职业群体的功能。当经济发展之后，越来越多的人走出家门，与他人、其他行业、其他城市发生直接和间接的交往，新的行为方式产生了，社会交往不再囿于以往的家族血缘的圈子，势必要形成一种新的人际和社会群体，也即形成一种新的结构，从而适应新的行为。法人团体由此出现，这个时候其制度并不一定是属于社会内部的制度，即纳入社会法律的系统——因为经济长时期在社会中处于附属地位；当经济进一步发展，法人团体及其成员的社会地位进一步提高，他们要求在公共生活中发挥其作用，于是发生政治斗争使国家接纳之。按照杜尔凯姆的说法，这时候，他们成了国家的第三等级：资产阶级。这个时候的资产阶级和城市居民几乎是等义的。

"人口逐渐聚居在了市场周围，同时也逐渐变成了城镇居民，变成了纯粹的工匠和商人。因此，居民或商人这两种说法并没有什么差别，都指的是城镇定居者，公民法或城市法都经常被称作居民法或市场法。这样，商业贸易组织可以被看作是早期的欧洲资产阶级组织。"①

公社是法人团体的联合体，法人团体则是公社的缩微体，它随着商业和工业的不断发展日益重要，成为"公社形成、扩充和发展的一个模型"。贸易是公社的特性，公社的团结会给予贸易以最大的便利。但机器大工业迅速发展的时候，这种平衡再次被打破，人们的贸易和社会交往模式再次发生变化，需要构建新的社会结构，它不再和之前的公社形式相协调，甚至完全脱离了关系。后者的单元——法人团体也无法再对新的生活方式进行集体式的调整和干预了。

可见，杜尔凯姆认为，职业群体的组织结构经常与经济生活发生关系。当经济生活的范围超出旧有的城镇及相关地区为中心的时候，它或许由政府或更大的权势集团掌控，地方市场纳入国家市场，这个法人团体就有可能成为国家性的，这个时候群体内的因素众多，心理需求各不相同，内部不断重组，成为"自我更新的源泉"。那么，此时的内部平衡将不可能再是固定不变的，它会成为不断变动的需求与观念平衡的追求者。而这个时候一味地强调法人团体的唯一的制定和实施规范的功能就是非常不合时宜的了。因为集体行为方式的增多，不应该再以一种受限的、机械的道德权威去强制团体，它应该转化为一种以提供生机勃勃的生活力量和目标为己任的环境，提高人们的互助和团结感，"确认精神和道德之间的同质性"，这时候的工会作用就是很有价值的。杜尔凯姆假定，在将来，法人团体会成为一种政治组织的本质基础，"政治议会必须恰当地反映多样化的社会利益及其相互关系"。随之，"地方观念"

----

① 〔法〕埃米尔·涂尔干著:《社会分工论》,渠东译,生活·读书·新知三联书店 2000 年版,第 33 页。

"地方精神"，除非其与本职业有关系，将不再是人们关心的重点，一是其离那些群体太远，二是后者的范围太狭窄。这是杜尔凯姆所描述的"古老社会结构分崩离析的景象"。当然前提是有一个法人团体的代替物出现，才可能发生这样的事情。在这个过程中，他认为职业群体是最适合吸收进绝大部分社会动力的社会成分，在社会中如果不存在任何一种行业制度，那就不能成为一个正常的社会。而现今所缺少的，他认为，"正是正常的社会生活功能所必需的整个社会机构体系。这种结构弊端的产生显然不是某个地区的苦难，不只限于社会的某一局部：它是一种可以影响到整个社会机体的普遍病症。所以如果我们只想'头痛医头，脚痛医脚'，那么我们肯定在最大范围内收不到任何疗效。整体社会的健康已经成了迫在眉睫的问题"①。

换句话说，这个危机不是单靠法人团体，单靠建立"一种适用于所有地区的规范体系是不够的"，每一个职业都应该有自己的一系列规范，使他们对共同体和彼此之间负有相应的责任。"国家已经不能够再承担经济事务了，因为经济本身对它来说太专业了。只有职业群体才能胜任这项任务。"②这样的职业群体有两个特点：(1)与经济生活联系紧密，了解各方面的心理需求；(2)具有相对持久性，能保持规范的连续性和一致性。所以，杜尔凯姆认为："如果我们不去创建一种新型法制所必需的团体，就无法进行一场声势浩大的法制变革运动。"③但在此前不应先制定法律，而应先创建一种道德力量，从而为以后的法律提供实质和形式。

那么，对于宗教的社会学研究，杜尔凯姆首先把注意力放在"原始宗教"的研究上，认为它更适合人类理解自己的宗教本性，换句话说，原始宗教"更便于我们展示出人性的本质的、永恒的方面"（似乎暗示

---

①②③〔法〕埃米尔·涂尔干著：《社会分工论》，渠东译，生活·读书·新知三联书店2000年版，第41、43、43页。

着原始的就是更易理解的，因为它更简单和更真实，不过原始的就是更简单和真实的吗？而且从原始宗教得到的所谓的"宗教的本质"就一定也是非"原始宗教"的宗教本质吗？为什么不可以从希望研究的宗教本身来着手研究？)。

那么，什么样的宗教可以称之为"原始宗教"呢？

杜尔凯姆认为，满足以下两点的宗教可以称为"原始宗教"，即：(1)可以在组织得最简单的社会中找到的宗教；(2)不借用先前任何宗教的要素就能对之作出解释的宗教。他试图"透过符号（宗教符号），找到它所表现的并赋予其意义的那个实在"[①]。他特地讲明这只是方法论上的选择，并非其他意义。说到对于宗教的研究，历史分析法是适用的，他认为"我们这里决不是说，宗教科学的根据就是依照笛卡尔的方式所构想的某种观念，即仅仅依靠思想之力而构成的某种逻辑概念，某种纯粹的可能性。我们必须找到一个具体的实在，只有历史学和民族学的考察才能向我们提示出这种实在"[②]。

杜尔凯姆认为，"外表上的相似却也意味着深层的相似"[③]（我很怀疑这个观点是来自于颅相学？这个附会科学的意味也太强了点吧——作者），所以他的结论是，在所有的信仰和膜拜体系中，必然有一些基本的表现和概念、仪式态度等，尽管是各自多样的，但不论时间空间，都具有同样的客观涉及同样的功能（其实这一说法是令人存疑的）。而这些同样的要素，正是宗教中的本质的、不变的，具有人性的部分。

再回到之前的问题上，杜尔凯姆认为，在较低级的社会中，人们的个性并未能得到充分发展，群体规模亦小，外界环境各自无太大差别。这些意味着不同人群的差异和可能的变化达到人类世界的"最低限度"。

---

①②③〔法〕爱弥尔·涂尔干著：《宗教生活的基本形式》，渠东、汲喆译，上海人民出版社1999 年版，第 2、4、5 页。

反之，在较高级的社会中，这些特征都恰好相反。所以，在低级的社会中，共同性的东西多，差异性的东西少，他认为这些外部行为的一致性也意味着其内部思想活动和心理需求的一致性。所以，那时候的统一性也意味着解释它的过程相对简单，故而这时的宗教都是很朴实的无更多手段和技巧的"原初实体"。"人们不费吹灰之力就会把它们的谜底揭开（社会原始不意味着人们的大脑就一定原始，智力一定低下，心理就一定简单，毕竟并没有确实的证据可以证实这一点。应对'不费吹灰之力'这一说法持保留意见——本书作者注）。" ①

"如果所有这些因素都简化到必不可少的地步，简化到若没有了它们就没有了宗教的地步，那么它们就是最为本质的要素，换言之，就是我们必须首先了解的东西。② "那么在这样的看法中，最需要确定的就是对宗教的定义。如果无确定，那么这样的说法就只能是形而上的，不具有任何实际意义的，甚至称不上理论。杜尔凯姆认为："在原始宗教中，宗教事实仍然显而易见地带有宗教起源的标志；如果仅仅通过研究较为发达的宗教，我们几乎不可能推测出宗教的起源。"③其实，对于原始宗教的历史事实的研究只能让我们知道一些表象，因为毕竟人们未处在那个历史时期，对于没有文字记载的历史，（甚至有文字记载的历史）亦无法清楚地确定那时候存在的事实到底是什么。杜尔凯姆也说了，是"推测"，同样都是推测的话，对原始宗教的推测就必然会得到宗教的起源吗？对于较为发达的宗教，就必然推测不出宗教的起源吗？这个如何验证？当然这个实证起来也是有困难的。而且，为什么可以说在原始宗教中，宗教事实就显而易见地带有宗教起源的标志呢？因为我们才开始研究宗教的起源，我们尚未知道宗教的起源，我们又如何肯定我们的这

---

①②③〔法〕爱弥尔·涂尔干著:《宗教生活的基本形式》,渠东、汲喆译,上海人民出版社1999年版,第7、7、8页。

一说法是正确的呢？

那么，让我们来看一看杜尔凯姆是如何探讨宗教定义和宗教现象问题的。正如前所述，若想找到最原始的最简单的宗教，须先对"宗教"这个概念进行考察和定义。当然，在任何研究的开始，都不可能有多么深刻的理解，只有研究到一定深度，才可能有所描述。对于"宗教"的定义同样如此。虽然如此，在一开始，对于其外在的、显然的识别的标志，我们还是可以说上一二的。杜尔凯姆提出不要有"先入之见"，要"从实在本身出发来定义宗教"。从他的这种视角来看，没有无意义的宗教，"因为所有宗教都以其特有的方式表达了人性，能够帮助我们更好地理解人性的一个方面"[①]。

首先，一个广泛而深入人心的概念是：一切宗教都具有超自然的特征。如果这样，那么宗教就是一种不能为我们的智识所理解的事物，它甚至不包括科学和"所有的真知灼见"。但从宗教史来看，这种宗教神秘主义情感的重要性也是变化不定的，对于这样无法确定的事物，我们无法将之当成某种基本的构成要素。而且，正如杜尔凯姆所指出的，原始人对于想象的夸张的自然的态度，与现代人对待物理力的态度是一种类型——宗教力若被构想为"精神存在或自觉意志的形式"，却并不能证明它们的非理性性质。当然理性主义（如理性主义者莱布尼茨）也会承认人的外部世界可以是一个永恒的心灵社会，在它的"所是"和"能是"之间存在着精神联系。但是这里所说的"超自然"从来都不是对于原始社会中人类的"超自然"，因为这个概念是以"存在事物的自然秩序"为前提的，而且还须将这些事件看作是根本不可能发生的事件。不过，这个"自然秩序"显然不是原始的观念。所谓"超自然"的奇迹之类只是

---

①〔法〕爱弥尔·涂尔干著:《宗教生活的基本形式》,渠东、汲喆译,上海人民出版社1999年版,第28页。

现代人的观念和思维，对于原始人来说，它从来就和自然没什么区别，因为他们认为它本来就可以自然而然地发生，是可以预料的东西，而非什么奇迹——"这就像在许多宗教中，信徒们认为这个世界是神的意志从虚无中创造出来的，或者神可以随心所欲地使各种事物相互变换一样"①。看上去，"神的根本任务也是以一种积极的方式去维持生命的正常过程"②。所以，杜尔凯姆认为，神秘观念只在极少数高级宗教里才占有一席之地，因为人们把大多数能够确定性质的事实从宗教定义中排除出去了，这才将神秘观念作为宗教现象的显著特征。

其次，人们常用神性的概念来定义宗教。即人的心灵能够认识到神的心灵，且通过这种连接支配世界和自身，并在与之沟通的过程中感受到快乐和幸福。但显然，这样的一种定义是对明显存在着的大量的宗教事实的无视。所以，如果把"神"换成"精神存在"，而精神存在本身具有意识，人们可以通过影响意识的方式影响精神存在，如用祈祷、献祭、仪式、禁忌等的心理过程来说服有意识的精神存在，由此产生宗教。这是公认的宗教与非宗教的区别标准。但宗教领域也有不适用此定义的例子，如佛教、耆那教等。佛教被认为是"一种没有神的道德体系和一种没有自性的无神论"③。佛教并不否认一些神的存在，但是它的信徒们不认为从神那里获得了什么，也不认为自己与神有什么关系。他们在宗教实践中的境界往往依靠自己的冥想和开悟。而当他们一旦得到心灵的解脱，就会被自己和别人认为是高于神的。所以，既然如此，我们同样不能这样去定义宗教。

杜尔凯姆提出，如上的一些表达，都是将宗教看成一个完整的部分，但其实宗教是许多可分部分的复杂组合。我们须将各个部分分别讨论，

---

①②③〔法〕爱弥尔·涂尔干著：《宗教生活的基本形式》，渠东、汲喆译，上海人民出版社1999年版，第32、33、35页。

否则不足以言明宗教。当然简单一点，宗教现象可分为思想（观念）和实践（行为）两个基本范畴，或说信仰和仪式。从这一点上来讲，佛教既有信仰的部分，又有据此而来的各种仪轨，理当属于宗教范畴。

看上去，人和神圣事物之间确实存在着相互依赖的关系。在这个领域，除了神圣事物就是凡俗事物，它们存在于两个完全不同的世界，"只有彻底离开这个世界，才能完全属于另一个世界"，"这样，我们就得到了判断宗教信仰的首要标准……宗教现象的真实特征仍然是：它们经常将已经的和可知的整个宇宙一分为二，分为无所不包、相互排斥的两大类别。神圣事物不仅受到了禁忌的保护，同时也被禁忌隔离开来；凡俗事物则是实施这些禁忌的对象，它们必须对神圣事物敬而远之。宗教信仰就是各种表现，它们不仅表达了神圣事物的性质，也表达了神圣事物之间的关系以及神圣事物与凡俗事物之间的关系。最后，仪式是各种行为准则，它们规定了人们在神圣对象面前应该具有怎样的行为举止"①。

由此，杜尔凯姆对于宗教的定义为："当一定数量的神圣事物确定了它们相互之间的并列关系或从属关系，并以此形成了某种统一体，形成了某个不被其他任何同类体系所包含的体系的时候，这些信仰的总体及其相应的仪式便构成了一种宗教。"②这个定义更多的是从整体上述说宗教的结构及成分——每一个部分都是中心，有自己的信仰、组织和仪式，每一个部分都可以组合起来成为其他中心的组成部分，即每一个都是单个的和整体的"一"，而这些"一"也是那个同样相似的"一"的组成部分。但无论如何，"一"里包括的成分却是信仰、组织和仪式具在的。

不过从这个定义出发，杜尔凯姆认为仍然不完整，因为它并不能将巫术与宗教区分开来。甚至有时候在巫术的一些实践行为中还存在着

---

①②〔法〕爱弥尔·涂尔干著：《宗教生活的基本形式》，渠东、汲喆译，上海人民出版社1999年版，第47、47页。

"反宗教的因素"（胡尔伯特和莫斯）。杜尔凯姆发现，无论哪里的哪一个宗教，都有自己的群体基础组织，即教会，"宗教膜拜总是通过某个群体、家庭或行会来施行的"。而巫术的追随者并没有联合成群体而过一种共同的生活，其与门徒及后者相互间的联系都是松散无序的，等等，那么，巫术与宗教的根本区别基本上可以看出。由此，杜尔凯姆提出了他确定的最终的宗教定义：宗教是一种既与众不同，又不可冒犯的与神圣事物有关的信仰与仪轨所组成的统一体系，这些信仰与仪轨将所有信奉它们的人结合在一个被称之为"教会"的道德共同体之内。

可见，教会与宗教观念的密切程度，说明了宗教"是集体的事物"，具有社会性。

当然，他提出在当代有这样一种趋势：人们希望有一种完全是由个人内在的主观构建的宗教，适用于其自身方式的个人宗教及体验。这种"宗教个体主义"或许在将来也有自己的一席之地，但并不能影响目前对于宗教的集体性质的定义。

杜尔凯姆还谈道："我们所考察的社会越不复杂，这些原因就越容易被察觉。这就是我们为什么要竭力接近宗教起源的道理……我们才会更容易地发现其中的各种事实和其间的各种关系。"①（事实上，不同历史时期的社会具有相当大的不同，如果从最原始的社会和宗教中去找寻所谓的"原因"、各种事实和宗教的关系，是不是就同样可以此来判断其他历史时期的社会和宗教问题呢，这也是存疑的。会不会出发点就是错误的呢?）当然了，杜尔凯姆也说过："当我们尽可能地说明它们时，还得去解释那些在历史演化过程中产生的、尚未得到解释的种种新问题。不过，我们并不想否认就此产生的各种问题的重大意义，我们认为这些

---

① 〔法〕爱弥尔·涂尔干著：《宗教生活的基本形式》，渠东、汲喆译，上海人民出版社1999年版，第9页。

问题是可以依次解决的；关键在于，只有在我们解决了将要着手研究的问题之后，才能再来探讨这些问题。"①（但其实，如果出发点和角度有错误，那怎么还能保证研究的方向正确呢！）

杜尔凯姆也承认有一些基本观念支配着我们的"智识生活"，就如亚里士多德为代表的西方哲学家们的知性范畴所言。所以，与这些范畴相联系的，如空间、时间、类别、数量等等，它们似乎构成了一个人们思想的基本框架；当然除此以外还有一些"偶然的和变动不居的"观念，这些和前者一起组成了"正常智识的运作"。

对于"基本的知性范畴"，杜尔凯姆的理解是：时间是普遍的时间，是"同一个文明中的每个人从客观出发构想出来的时间"，属于集体意识，来自于社会活动的要求。而空间的区分标准，他则认为来自于某些"情感价值"。可见，无论时间还是空间的概念都起源于社会。

他认为"先验论者就是理性主义者"，世界是有逻辑的存在，通过理性思维可以发现这个实在，为此心灵就必须有超越经验的能力，并且这种能力是人类智识的本质，是与生俱来的。杜尔凯姆惊讶于这个"与生俱来"，他试图了解这种先天既有的能力是从哪里获得的，难道经验本身不足以产生知识吗？如果是，那么"与生俱来"的能力何以会产生知识？为了从理论上解决这个问题，可能会设想在个体理性之上有某种更高的、更完美的理性存在，其他的理性都是从这个理性分享而来的，这个更有力量的理性就是神的理性。但是这样的解答在杜尔凯姆看来，摒弃了经验，无法成为科学的知识，所以属于人类智识范畴的东西总是不断在变化着，无法确定下来，而神的理性却是永恒不变的。但固定不变的又是如何产生变动不经的呢？②

---

①②〔法〕爱弥尔·涂尔干著:《宗教生活的基本形式》,渠东、汲喆译,上海人民出版社1999年版,第9、16页。

这里的关键就是：(1)作为个体经验形式的理性，是不可能始终存在的，故而认识到的理性，如果没能得到证明，显然也是不可能存在于智识世界（包括科学范围）以内的；(2)当然如果是集体经验的表现，则更具永恒性，所以如果范畴来源于社会的话，则不会发生观念和逻辑上的两难。

可见，杜尔凯姆提出所谓的经验知识，更多的得自于个体状态，尤其是其"心理性质"（主观状态）；而范畴如果是"集体表现"，那么它们展现的则是"群体的心理状态"，所以它也取决于群体的形态，即取决于宗教、道德和经济制度。所以，范畴对于群体中的人的意识将会产生某种必然性，"这是一种特殊的道德必然性，它对智识生活的影响就像道德强制对意志产生的作用一样"①。

他认为社会是特殊的存在，但也是自然的一部分，或者说是"自然的最高表现"。如果自然中最本质的部分在任何情况下都不会有根本的差异，那么对于社会来说也是如此，所以社会中的基本关系（也即"范畴功能所表达的那种关系"）是不会因领域的不同而有巨大差异的。那么人们对于社会事物产生的观念，在某种程度上也可帮助他们思考其他的自然。即便是间接的符号式的观念，也有依据的符号。它们和社会本身一样，虽然同属于自然，但作为被人构建起来的概念，必然有着人为的因素，但本质是不变的。正因为如此，它们具有自身的客观价值和自然基础，此皆因其起源于社会。

集体性的宗教主要理论不外乎两种：自然崇拜和泛灵论。但是，杜尔凯姆为了讨论宗教生活基本形式的具体情况，从三个方面进行了研究：(1)作为重要宗教观念的灵魂观如何形成；(2)灵魂如何成为膜拜对象并转化为精灵；(3)自然膜拜是如何从精灵膜拜中派生的。②

事实上，杜尔凯姆对于如上的研究过程，首先特别说明了泰勒对于

①②〔法〕爱弥尔·涂尔干著：《宗教生活的基本形式》，渠东、汲喆译，上海人民出版社1999年版，第19、62页。

原始人泛灵论及如上观念的产生过程的推理，其实更多的是一个根据自己或者现代人类的心理臆想原始人是如何想象的过程——根据自身心理经验的推理。事实上，对于宗教史的研究并不能告诉我们观念形成的方法，也无法告诉我们这些观念究竟是由何种要素构成的。甚至人类学的研究对于只有文字记载（包括其他形式）或无文字记载的"历史"的研究，只能是一种历时性的研究，运用历时研究的结果来得到或推理共时性的概念、联系和结果，这本身就是一种极不科学的方法。因为我们并不能真正设身处地地以原始人的身份感受原始人的处境，产生原始人的思维，过着原始人的生活。我们现在所依靠的绝大部分是依据或是很少依据所谓的资料，甚至是完全凭空的想象。

所以这样看来，在我们所划分的神圣世界和凡俗世界之间是很不容易从逻辑和心理上成为有机整体的。不过有人提出，似乎死亡从某种角度来说，使灵魂最终完全彻底地与凡俗事物分离，从而更具神圣的性质。杜尔凯姆认为："人类本性是在不断改造动物本性的过程中所产生的结果……社会修正了我们平常看待事物的想法，修正了我们单纯听凭动物本性所产生出来的感情；社会转变了这种感情，甚至发展到了用相反的感情来取代这种感情的地步。不仅如此，社会不也甚至使我们发展到了竟然把我们的个人生命都看得无足轻重的地步了吗？而生命对于动物来说却是最最重要的。所以，用高等动物的心理构造来推断原始人的心理构造，实在是件徒劳无功的事情。"[1]

杜尔凯姆认为："而今天，我们开始认识到，法律、道德甚至科学思想本身都是从宗教中产生的，长期以来，它们始终与宗教混同在一起，始终渗透着宗教的精神。"[2]（这个结论的得出确实是无法考证的。）我们其实也可以说，法律、道德甚至科学等思想都是从人类对自

①②〔法〕爱弥尔·涂尔干著：《宗教生活的基本形式》，渠东、汲喆译，上海人民出版社1999年版，第80、85页。

然和社会的观察、理解和需要中总结出来并应用的，这难道不是更自然的答案吗？

总之，杜尔凯姆对于社会学的研究之焦点集中到了宗教学领域，他认为的最重要的社会事实就是宗教事实，而宗教事实孕育着其他各类社会事实。这基本上是一种唯宗教论。他的社会学也在这个意义上演变成了宗教社会学。这既是杜尔凯姆社会学的特点，也是其与黑格尔、马克斯·韦伯的最大不同。顺理成章，如果只关注一个方面，势必就会忽略其他的方面，更何况有一些学术结论在这里只能称为学术上的武断、预设或假定，并不能经起严密的逻辑推敲和分析。

第四节　结构人类学及其后

一、克洛德·列维－斯特劳斯及结构人类学

克洛德·列维－斯特劳斯(也译作克洛德·莱维－斯特劳斯)，法国人类学家、哲学家，最著名的作品有《神话学》和《结构人类学》等。斯特劳斯本人自言曾深受马克思及弗洛伊德理论的影响，从其理论中也可见一斑，甚至他是从索绪尔的语言研究出发的。如果说杜尔凯姆将其社会学辅之于宗教学而异军突起，那么斯特劳斯就是将其社会学付之于人类学从而成为一个学科的奠基者。与杜尔凯姆一样，他的学说不但在人类学领域，更在社会学及社会科学领域都产生了巨大的影响。当然，列维－斯特劳斯是结构主义流派中最具代表性的人物，他的《结构主义人类学》一书明确提出了"结构主义"和"心灵结构"等概念，阐述了什么是人类学研究中的结构方法。人们一般认为他是结构主义运动最杰出的人物。

其一，"结构主义"是对人类的行为和文化提出的一种新的观点和理论，认为前者都具有自己的本质，且是由本质所决定的，而这个本质

就是集体意识的"心灵结构"，是社会和文化现象真正的基础和框架。这其实是受精神分析学说影响的结论。或者说，弗洛伊德精神分析给斯特劳斯带来了启发，使后者建立了人类学和社会学领域里的结构主义理论，它在社会学领域的作用，有点相当于精神分析在心理学领域的地位。

当然，对于结构主义人类学的批评一直以来都不少，听上去最严重的是近代的不能"证伪"论。列维－斯特劳斯认为这样的批评不适用于多样性表达的人类科学，如果对于自然科学和非生命的科学如此批评，那是有道理的，因为这些科学的特点就是和谐一致。但人类学一般对于假说的有效性是不讨论的，讨论的是假说所适用的范围或其表达的标准。因为在人类学中，我们最愿意相信的不是科学的内容，而是我们对于认识的选择，这点却是从人类学学科来看最有价值的东西。所以，如果一种假说比另一种假说能有效解释更多的事实，便可说明其效用，而这种更具有效性的假说会越来越在事物中发现其统一和一致的规律。斯特劳斯认为，目前结构主义的假说就是这样一种理论。

"任何原始社会的即使是最简单的技术，也表现出一个系统的特征，对这个系统可以按照更一般的系统来分析。各种技术可以被看成是每个社会——或者一个社会发展中的每个时期——被迫作出的有意义的选择的组合，而不管它们与其他选择是相容的还是不相容的……人们以象征和符号为手段进行交往。对人类学来说（它是人与人的一种对话），所有事物都是象征和符号，它们充当两个主体之间的媒介。"①

其二，关于定义。如果定义两个看上去相似的现象，有时候这二者的"等价因素"却并不一定相同，数量也不一定相等，所谓的定义——对于"社会性质的规律"的制订——在某种程度上也只是对于"表面性质"的描写，或是"同义反复"②。

---

①②〔法〕克洛德·莱维－斯特劳斯：《结构人类学》（第二卷），俞宣孟、谢维扬、白信才译，上海译文出版社1999年版，第12、14页。

其三，对于社会现象，传统的研究方法总是存在着共时性研究和历时性研究的分歧，但现代人类逐渐意识到，自索绪尔的语言学建立以来，在人类学中，与语言学中相似的，无论是共时性还是历时性都一样会表现出"无意识性"，这说明二者的分歧并不是静态的，而是会在某种情况下处于动态的和谐关系。但是共时性和历时性的区别也不是机械的，就如集体性中也蕴含着历时性（马克思），而个体之中同样可能存在着共时性（弗洛伊德）。可见，"如果一个有意识的系统是存在的，它只能是从大量无意识系统——其每一个都同社会实在的一个方面或一种水平有关——中的'辩证平均数'中产生的。然而，这些系统无论在其逻辑结构上或历史的从属性上都不一致。它们好像是被折射到一个临时的方面，而共时性从其密度中获得其一贯性；同时如果缺少这个临时的方面，共时性就会化解为一种稀薄的和不可捉摸的本质，一个实在的幽灵"①。事实上，这个"临时的方面"更可理解为一种心灵的方面，或者说是"注意"的时空分隔。

其四，关于结构，斯特劳斯引用了杜尔凯姆的观点。他认为，结构相关的现象与功能性的现象相比较，二者的秩序只是程度的不同，前者较之后者稍稍稳定一些。结构是动态的，是在发展的过程中产生、形成然后消解，是对生活的统一性的凝练，所以结构与形成它的生活是不可分割的，是"属于事实的秩序"。

对于更多的一些属于意义的问题而不是事实的问题，又该如何对待呢？他建设性地提出一个处理方案——转化。在《结构人类学》中，斯特劳斯肯定了之前如泰勒、弗雷泽、涂尔干等人类学家提出的人类学研究与"某种与心智有关的心理学有关"的论说，也在他的研究中承续了

①〔法〕克洛德·莱维-斯特劳斯：《结构人类学》（第二卷），俞宣孟、谢维扬、白信才译，上海译文出版社 1999 年版，第 19 页。

这一方法。运用心理学方法，特别是扩大逻辑框架，才可能更有效地包容表现为心智活动的人类学心理研究，也会更有效地实现他提出的"转化"作用。具体表现如下。

首先，图腾制度作为宗教人类学的重要主题，主要出现在原始人群，甚至是出现在现代人类社会中，它所表达的基本上是一种社会组织制度，通过禁忌、仪式与崇拜等方式进行表达。放在人类学研究领域，我们主观的研究不能完整和全面地表达这种文化，只能尽可能客观地一步步发现这种文化的象征语言，发现其背后所要表达的社会关系，而这种社会关系是客观的存在，是这种文化的来源和本质。这样一个过程，我们称之为社会学领域的"精神分析"，通过现象发现本质，透过象征性的符号表达，了解它要告诉人们的信息。事实上，这是一种对于人类集体的无意识的追溯和分析。

其次，神话作为人类想象的成分，同样更多地取决于集体的无意识，其构成主要以心理的符号为主。但是，同样是心理符号，这里所说的无意识和心理学研究，与弗洛伊德心理学中的无意识是不同的。后者更多的是逻辑和经验决定论，而前者更多是指生物和社会原因所决定的是或否。斯特劳斯注意到了世界神话的相似性和其内部具有的矛盾性，针对这些问题，他认为荣格和索绪尔在对待这个问题上都站在语言哲学家的角度——把特定的语音和意义相关联。但纵然如此，神话也只是一套话语体系，是语言的一部分。事实上，斯特劳斯关于"结构"的概念，很大程度上得自于索绪尔对语言的看法。后者将语言看成具有两种层面的事物，一面是可逆性的语言，另一面是不可逆性的言语。而在斯特劳斯看来，神话由于其所表达的时间范畴，可以划分为语言中的其他层面，兼具语言和言语的特性；换句话说，神话与现代政治意识形态有异曲同工的特点——既可连接过去和现在，又能影响未来可能的发展趋势；既具结构性的特点，又具统计性的特点。之所以这么说，是因为神话或许处于不同的历史时期，不同的民族和文化背景，运用不同的言语和语言表述，但表达的仍然是"语言行为"，是运用故事来表达行为的语言。可见，故事是如何组合的，组合的方式很重要，结构很重要，在此基础上，运用的是特殊的神话语言。回到语言层面上的特殊的神话结构其实是关系的连接，也即在这种特殊的话语体系内，任何一种关系既是共时性的，又是历时性的。

结构主义者分析神话最著名的是对"俄狄浦斯"神话的结构分析。第一，显而易见地，弗洛伊德的精神分析理论在这里大有用武之地。第二，对神话"三维"式结构的分析，确实揭示了神话本身所具有的独特性——这种神话话语体系的三维结构，甚至多维结构，可以表达神话叙事的超自然特性。第三，象征性地表达了逻辑和思想中的对立并试图调和关联性。第四，逻辑及其自然发展是神话的思维基础。第五，神话的逻辑结构可将日常生活中的数据经验组合起来，并赋予其以两种截然不同并可互相替换的形式。或者说，神话结构也可以是日常生活结构的变体。总之，神话思维可以很好地将人类学对于社会和心理学领域的研究结合在一起，并将其尽力平衡。针对这一点，按照斯特劳斯的说法，甚至可将其放在实验室中进行解构性的科学检验。[①]进行科学试验的前提是：(1)任何神话结构似乎都具有重复性（故事序列重复）的特点，并由此具有了可以向读者展示现象背后所具有的结构的能力；(2)神话思维的逻辑和实证思维所依赖的逻辑似乎同样严谨（思维的事物本身的性质似乎总是不变的，而变的只是其面对的新的不同对象，从而衍生出可以运用类似数学公式似的运算可得的结果或环节）。

再次，结构是具有辩证性的结构。简单地说，结构既具有关联性又

---

① 〔法〕克洛德·列维-斯特劳斯著：《结构人类学》，张祖建译，中国人民大学出版社2006年版，第245页。

具有对立性的特点，这使其需以历史决定论为工具，成就其意义。

二、格尔茨及其象征：解释人类学

所谓的作为方法论的解释学，本意为在社会和人文学科的研究方面需注重对语境或社会历史背景的理解。这种社会、人文学科的理解和自然科学对于规律的探求，及以规律对客观现象的解释是不同的（虽然在"解释"作为行为的这个层面上，前者可以包括后者）。

一直以来，对于"科学"的解释首先是真理性和客观性，可以说明事物（包括"人"）规律的知识，这是一种自然主义的解释方法，主张真理具有确定性。而真理的确定性主张在方法论解释学中却是狭窄和缺乏说服力的，所以在后期解释学中对其进行了延展，特别是提出了"象征"这一概念。

象征存在的范围非常大，它不但存在于人类的意识形态领域，也存在于宇宙研究的自然科学领域，人们最常谈到和接触到的就是如梦境、神话、宗教、艺术、小说、寓言、传奇等文化领域的象征。而对于象征的理解和解释，也自然具有多种形式和不同视角，这就需要解释学的帮助。

关于解释学，当代公认具有代表意义的是格尔茨的理论。格尔茨认为，文化是人类存在的基本条件，[①]不受人的文化模式调节的人的行为不具有社会性的意义，其经验也是不具有影响力的。也就是说，格尔茨认为，人和动物最大的区别还不是学习能力，而是学习社会化需要的文化的能力，即可以被社会文化同化的能力。"人类创造了自己"，人的身体进化和文化进化是相互作用和影响的，在这个意义上，不存在脱离了文化的人性。也就是说，如果没有符号体系引导，就不能形成人类的行为

---

①〔美〕克利福德·格尔茨著:《文化的解释》,韩莉译,译林出版社1999年版,第58页。

和组织行为的经验。①所以，人类其实是通过概念性的结构形成了自身能力。

"在我们的遗传基因为我们的生活规定的基础计划与我们事实上实施的确切行为之间有一套复杂的有意义的符号，在其指导下我们将第一种转化为第二种，将基础计划转化为行动。"②

文化的解释方法究其实质，既不同于启蒙主义，也不同于传统的人类学研究方法。它寻求的更多的是个体的表达，是实际的经验实体。与此同时，它认为个性和共性、经验与理论之间并不存在对立，因为如果建立的是一个真正人性化的概念，就应是多角度和多样性的建构，是一种既是真理性而适之普遍的概念，同时又是拥有特定具体内容的概念。而文化既然被视为一种概念性的符号系统，它就既是超越肉体的信息和知识，同时又可以引导和控制行为的资源，从而在自然化和社会化之间起到某种和谐与平衡，当然这种和谐与平衡是以双方的改变和融合为基础的。故而，文化的意义就在于它使人最终展示为个体的人，具有特殊性的人和具体化的人，而这种个性、特殊性和具体化将表现在人的具体活动方式中，如职业、特殊经历等等。这是文化对于人发生影响的结果，也是一个动态的结果。在此作为结果的活动方式中，作为具体的事物，由于它是由"理论分析的术语组织和引导的——身体进化、神经系统的运行、社会组织、心理进程、文化模式等等"③的复合体，所以人类学研究其实是对其相互作用的研究。

文化的解释，实际上也是对他者解释的解释，这就势必涉及心理学的内容，而心理则是人类学研究中的核心问题。人们既希望在心理与行为之间发现一条合理化通道，却又往往落入主观行为主义的窠臼。所

①②③〔美〕克利福德·格尔茨著：《文化的解释》，韩莉译，译林出版社1999年版，第62、63、67页。

以，首先要对"心智"这个概念进行一个科学的定义。在格尔茨看来，"心智"是重要的，但却是需要严格审视的，因为它是通过人类的行动和人类生活所涉及的事物来进行自我表达的能力、气质和倾向体系。这个体系是概念性的结构，依据此结构的研究和解释就可避免类型学的还原性假说，或者说它保证了不可还原性。在他看来，意向性的判断也应属于科学的范畴。如此，"所有各种虚假的问题、错误的争论和不现实的恐惧都能完全被排除在外"①。因此，对于人类"精神起源"的研究就具有了新的可能，对于人们如何产生"心智"也就可以有一个倾向性的解释。

事实上，完全可以对格尔茨的文化概念进行一下延伸：具有心理性的倾向性固然是产生什么样文化的根源（文化形成的主观性，包括社会主观性和个体心理主观性），而文化一旦产生，显然就具备了作为实在的客观性。

当然，客观性并不必然代表其真理性或非真理性，但其在与人类主观精神的合力之下，就使文化具有了意义的烙印，宗教文化亦是如此。既然宗教文化是意义的载体，那么首先要理解、解释这种意义的符号和象征。

三、实用的人本主义宗教研究与结构主义马克思主义

说到底，人类学对宗教的研究是作为学科性的学术研究，其目的并非寻求所谓的"终极真理"或者"上帝""神灵"等的存在，当然不能否认它对于这样的追寻或许也有一定的思考意义，其根本的目的是为了从宗教这个角度出发去研究人，研究人的思想、行为及生活——特别是社会生活。从这一点来讲，人类学的研究是人本主义的，宗教人类学研

---

① 〔美〕克利福德·格尔茨著：《文化的解释》，韩莉译，译林出版社 1999 年版，第 76 页。

究是对适合与适应人类生活的宗教文化及其实践的人本主义研究，这一研究也是对人类及其生存具有实用性的研究。人类学研究方法中的文化解释方法更具有实用性的特点，而结构主义研究方法更有利于人本主义的阐释。

如果说还原论提倡的是理性主义，而实用论提倡的则是从人的实践出发的经验主义事实，于理性主义、传统主义思维而言成对峙之势。但如果因之非理性主义的特点就斥之为非科学，则是不足以充分论证的——众所周知，无论是理性主义还是经验主义，都是讲求真理和相信真理论的。

文化解释学的倾向性判断，相对于必然性判断来说，有更多的选择。如果必然性判断是种，倾向性判断则是属。简单地讲，这就是"一"与"多"的关系。这是一种建立在自然主义与经验主义基础上的综合判断，既非理性判断，亦非全然无理性的思维，在某种程度上，反而极具逻辑理念，只是较传统的逻辑方式的表达不同。但与传统不同的是，实用性的文化解释方法只是指出事物的倾向性，而不是指出真理的必然性；指出的是事物之间可能的实证关系，而不是真理本身。这和实用主义方法论有异曲同工之妙。当然文化也包括现代科学的最新发展，所以，哲学及社会学科研究方法也必然随着文化的发展而变化，从这个意义上讲，理性主义无法解决的问题应当引入其他的解决方法，当然不能完全脱离科学的发展轨迹，也即不能离开科学思维的基础理性思维。所以，意识形态的发展是旋转上升的，不是完全割裂和断裂的发展。

相对于类型学说的还原论，人类学研究更需要立足于个体的、具体化的事物研究。这与理性哲学寻求事物的抽象"本质"的目标是不同的。当然在哲学史上，与文化和科学相适应的哲学流派是各自不同的，对于实用主义哲学家来讲，历来为人乐道的就是席勒、皮尔斯、威廉·詹姆斯、杜威数位，但除了这些典型性的实用主义理论，还有许多在不同意义上可归类到实用主义的哲学家的哲学。在涂尔干看来，古希腊的智者派哲学，如普罗泰哥拉，甚或受到影响的苏格拉底，近代的康德、尼采等，其理论也免不了以实用性的方式去补足理性主义哲学不能及的意识和知识漏洞。究其实质，也是为了那样的哲学服务的。这就是其所说的"科学精神"。但是实用性的方式和实用主义主流理论还是有所区别的，那样的区别在今天倒具有另类的借鉴意义。

在宗教研究中，经验显然具有不同一般的作用。基于"实在"的经验主义的感知让人们发现，一些具有物理力的实在始终存在着，而这是属于现象界的真实存在。可见，实用性首先要表达的就是实践性，故而在宗教研究中，作为现实生活中真实存在的实践，宗教首要的研究原则就是实用性。什么样的实用性呢？当然是基于人类及其生活（社会生活和自然生活）基础上的实用性，即从人本主义出发所表达的实用性。在这里，现象和事物的实在表现当然是毋庸置疑的存在，经验主义基础上的理性与逻辑也不是多余和烦冗之物。

从实践的特点出发，"当下"及内心体验是当务之急。而"当下"是实存，是定在，是可以完全释去焦虑的体验，是最大程度的身心自由。这也是宗教所试图表达和寻求的终极内容。所以说，使思想清晰如果不容易，那么使身心平衡，从而顺利和愉悦地实践倒是一件相对更可操作的事情。这是宗教人类学研究当今面对的态势和另一项任务。可见，实践是具有决定意义的，而宗教又如何使这样的实践发生并顺利和愉悦呢？

这又要涉及文化解释学的"倾向性"。所谓的人本主义，须是从个体的"倾向性"出发，将行动完全地交予这个真实存在的"实在"，才可能在完全的倾向性的归属之下，由倾向性要素之间的综合作用形成的概念结构决定，先概念化事物和事实（在概念中具体化），既而最终转化为实践性的行为。无论是社会中的道德或是宗教的信仰，它们都是会恰当地形成关于自身的（具有倾向性的特定结构的）概念、观念——以社会行为来表达的观念，也即这些概念、观念都是具有个体特色（倾向性）的。还是在这一点上，可以说，道德性的、信仰性的（规范和宗教等）都是离不开具体化的个人的，是具有具体人性的，所以也是人本主义实用性的。事实上，在现代，随着文化与科学的进一步发展，如果将其称为人本主义实用性的，毋宁称之为现代主义或现代性的。这样的称呼在宗教运动史上也曾出现过，但是当下的"现代"显然已经与以往历史上的"现代"完全不同了。

就社会事实和思想史来说，实用性的、人本主义的思想与观念并不稀奇，但是成为理论的流派（被冠以学术之名）却是在特定的历史时期之后。确切地说，想要清楚明白地厘清一种思想，一般来说并不容易，但是一种精神之流，或者说概念、观念、信仰却是生活行动的动力。实用性的人本主义宗教实践，恰是宗教行为对于生活的一种构成和丰富，是对于心灵的实证——实在本身就具有真理性的实证。

无论是结构主义，还是文化解释，抑或是结构主义马克思主义等，都可以从现代性的，或者说从新的人本主义实用性的角度去理解。结构主义和文化解释的方式上述已言多，不再赘述。当然这里还需要对声明是"反人道主义"的阿尔都塞的结构主义马克思主义的方式作一分析。

事实上，阿尔都塞成为蜚声世界的哲学家，最重要的原因就是他运用结构主义的方法去解释马克思主义，同时提出了著名的"反人道主义"思想。其中最能表达这一观点的著作是他的《保卫马克思主义》和《读〈资本论〉》。这一思想的提出和思潮的发展其实是与特定的历史阶段有关的。阿尔都塞本人，曾明确强调其宣扬的马克思主义是"反人道主义"的，这个"人道主义"不同于历史上的"人本主义"，也不同于这里所欲阐明的可以冠之以现代主义的新的实用性人本主义。

当时欧洲的历史背景是一种"人本主义"居主流哲学意识形态的环境，这时候阿尔都塞提出了"保卫马克思主义"，以维护马克思主义的纯粹性。他运用了结构主义的研究方法来阐述马克思主义，所以其理论被称为"结构主义马克思主义"。

由于他认为马克思主义是"反人道主义"的，所以，这里首先要厘清一下"人道主义"和"人本主义"的关系。事实上，阿尔都塞反对的"人道主义"是法国当时深受存在主义哲学影响的存在主义人道主义，是具有那个时代和社会历史特点的特定的"人道主义"。

存在主义严重模糊了人们对于"人道主义"的清晰界定，既而不明白存在主义与"人道主义"的边界，然后导致对于马克思主义认识的不确定和阿尔都塞的不正确解读。事实上，"人道主义"边界的被模糊也意味着，在那样的哲学背景下，"文化"的边界首先被模糊了。因为"文化"已经成为一个非常宽泛的概念，那么社会的、阶级的、个体的、集体的、人类的、非人类的、自我的、他者的……所有包含在"文化"概念中的都呈现出模糊的态势。这样一种"文化"的"人道主义"本身就意味着虚无、非常态和变化，在此意义上，它已经并非自身所标榜的"人道主义"本身，而是"非人道主义"了。

在当时的欧洲，法国的存在主义已经逐渐式微，而阿尔都塞对于存在主义哲学影响下的人道主义马克思主义进行批判；同时，他试图改变以往对于马克思主义理论的研究方法，所以势必要采用更加适应时代发展的较现代的理论工具，那就是方兴未艾的结构主义；并且，他还吸收了精神分析学派弗洛伊德与新精神分析学派拉康的相关理论来衍化自己的理论。

首先，由于结构主义的巨大影响力，人们纷纷将眼光投向它，这既是其影响力的证明，也是促使一些新思想产生的契机。当然不光是因为接受其理论，还因为不接受而形成的新理论。其中有些"新"思想其实是旧药换新瓶。只是马克思主义在那时却是第一次被用于人类学领域，形成了结构主义马克思主义流派。

结构主义当然有其疏漏和较少关注的地方，比如说，结构何以产生文化现象，文化如何在实践中表达结构，等等，这些在斯特劳斯的理论中并没有系统地提出，这是其一。其二就是在当时的欧洲，特别是法国，新马克思主义研究日益广泛，甚至出现在人类学领域，人们惯常用结构主义的分析方法去重新理解马克思主义。由此，人类学家发现马克思主义的"生产方式"是最重要的"社会关系"，并以此为切入点去分析人类社会。除此以外，他们还发现了结构主义和马克思主义的相似性，它们最大的相似性是通过黑格尔和马克思主义的联系得到的。如前所述，斯特劳斯也认为矛盾是普遍存在于意识中的，而马克思主义的辩证法承续于黑格尔，也强调事实的矛盾及其在事物发展过程中的重要性。

说到马克思指出的社会关系，他认为人们在社会生活中总是会产生一种同其物质生产力发展相适合的生产关系，而此生产关系的总和会构成社会的经济结构。生产力和生产关系是一种动态的关系，其矛盾往往引起社会变革。这种变革既有自然科学导向性的物质变革，也有源于物质生活，却应用具体的意识形态发生的变革。而宗教就是这类意识形态中重要的一种。当然，在结构主义者看来，马克思在《资本论》中的理论和分析是一种既属于结构分析，也属于历史性的分析方法。这种结构分析方法，某种意义上也是黑格尔辩证法和费尔巴哈唯物主义在马克思这里的有机表达。

当然，马克思的结构主义方法是基于特定时代物质条件基础上推演出结构，从而进行研究的方法。这种方法因为其唯物性，所以被马克思看作是唯一科学的方法。而对抽象结构进行分析虽然比较容易，但却是有缺陷的。所以，对于宗教研究来说，因为宗教只是"意识形态"的其中一种形式，并不是某种独立的文化形式，要想解释它，只能通过解释意识形态的方式，也就是通过解释其与物质生活的关系来解释。

结构主义马克思主义的最大缺陷就是，扩大了马克思主义所具有的结构性，却对同样具有重要意义的马克思主义的人本主义重视不够。事实上，对于人类和人类学来讲，人本主义所代表的人类自由并不是绝对的，它始终和社会生产条件所决定的历史相对立，这是马克思主义要解决的问题，也是现代人类学要解决的问题。不过换到后者这里的时候，这个问题就演变成实用的人类实践与理想主义的对立，这也可以说是人类思想史上一个永恒的主题，只是具体到不同的社会历史时期和其学科领域有不同的表现形式而已。是不是也可以说，这是一个人类思维结构中永恒的矛盾呢？

无独有偶，几乎同一时期的思想家弗洛姆，也着力于马克思主义的研究，只是其致力于将弗洛伊德的精神分析理论与马克思主义的结合。现在看来，这其实也可以被视为一种其他形式的结构主义马克思主义。

除上述以外，阿尔都塞结构主义的一个最大特点是与他所提倡的"阅读法"密切相连的，他的阅读法也被人们称为"文本解释法"或是"症候阅读法"。他认为，因为人们阅读时所具有的个体既有理论决定了人们对于文本的解读，所以有"看见的东西"和"没看见的东西"的不同存在。如何看出没有意识的东西？如何看出马克思的无意识可能表达的东西？这显然涉及心理学领域，阿尔都塞也意识到了这个问题。

为了重新解释马克思主义和建构马克思解释理论中的第二个特点——对于弗洛伊德和拉康理论的应用，阿尔都塞运用了新精神分析学派拉康的理论作为认识工具——拉康的精神分析学也被称为结构主义精神分析学。而非常巧合的是，拉康的理论也是在对弗洛伊德理论解释和实践的过程中逐渐成熟的。拉康在早期提出"回到弗洛伊德"去；阿尔都塞则提出，要回到真正的马克思主义理论中去。这也是二者思想轨迹的同步之处。

在拉康看来，主体人如果可以和能指产生联系，才能成为真正的精神分析者。如果主体可以触及与能指的关系，哪怕只是略微的解释过程的改变，都能够改变历史的进程。那么，在拉康思想的鼓动下，阿尔都塞是如何解释其对于文本，特别是马克思主义文本的理解的呢？

因为结构主义是对模式的研究，也就是对于现象之间关系的研究，而不是对于现象本身的研究，所以，阿尔都塞在著名的《读〈资本论〉》中谈道，没有"无辜的阅读"，只有"有罪的阅读"，哲学家如果从这个特殊的角度去阅读，就会成为"有道理的罪过"。弗洛伊德认为，应该从意识注意不到的地方去发现无意识；阿尔都塞则认为，应该对听说（或沉默）背后隐匿的无意识表达进行探索，因为这种看上去是意识无辜的表达掩盖了无意识语言欲深刻表达的意义。在他看来，读者读到的文本并不是文字表面所要表达的东西，读者理应对其背后的意义进行更深的思考和探究，那才是真正的阅读。具体地说，必须先具有某种阅读的思想，才可以相应地把书面语言转变成现实和实在，而将现实转变成语言，这才是阅读的精髓。他认为，马克思的阅读方式是这样的：正确的论述引以为据，错误的论述则加以批判。但有时候他（马克思）只是直接阅读——将所阅读的论证当成是现成的东西。这就体现了两种不同的阅读原则。①

可见，读者在某人的著作中只会看到作者已看到的东西。因为其是以自身的认识系统去阅读，弥补了他的阅读对象在其系统论述时的不注意和不在场，所以他的知识体系达到了他所能看到——意识心理状态——最大程度的可能——但是却是以意识结构的倾向性去寻求无意识的倾向，所以同时也具有最大的局限性。——所以确定和不确定，似在和似不在，"看"和"忽视"必然同时存在。隐喻也如此。

---

①〔法〕路易·阿尔都塞、艾蒂安·巴里巴尔著：《读〈资本论〉》，李其庆、冯文光译，中央编译出版社2008年版，第8页。

以读者自身固有的理论去阅读，从而看到文本中不曾体现的东西，这种方法后来被广泛称为"症候阅读法"。具体地说，"所谓症候阅读法就是在同一运动中，把所读的文章本身中被掩盖的东西揭示出来并且使之与另一篇文章发生联系，而另一篇文章作为必需的不出现或存在于前一篇文章中"①。事实上，在实际阅读过程中，两种阅读方法是可交替出现的。阿尔都塞力图将这种症候阅读法运用在阅读马克思主义的文本上。他提出了一个大胆的假设，如果一个作者（如马克思）只是在他的文本中积累了足够多的可能回答一个新问题的答案，但他并没有就这个回答进行表述，那么只能说明"马克思在他那个时代并没有掌握一个使他能够思考他带来的结果的概念，即结构对它的各个要素作用的概念"，"而这一概念正是马克思全部著作中既看不见又看得见，既没有出现又现实存在的关键性概念"②。所以，他认为马克思主义历史理论之所以具有生命力，正是因为"马克思运用各种方法说明在他的表述中没有出现的，却是他自己的思想的基本概念的存在"③。显而易见，阿尔都塞试图以自己建构的这种理论担负起提炼出这些基本概念的使命，故而他对马克思主义研究的方法也被称为结构主义的马克思主义，这是人类学研究中结构主义建立之后创新性的发展。

事实上，阿尔都塞也发现了资本论中更多的马克思哲学理论分析社会生产关系的科学实践的存在，就像现在很多专家所公认的阿尔都塞只是理论马克思主义者的事实一样，阿尔都塞最希望的是对马克思主义的著作"逐一进行症候阅读"，"即系统地不断地生产出总问题对它的对象的反思，这些对象只有通过这种反思才能够被看得见。对最深刻的总问题的揭示和生产使我们能够看到在其他情况下只是以暗示的形式和实践

---

①②③〔法〕路易·阿尔都塞、艾蒂安·巴里巴尔著：《读〈资本论〉》，李其庆、冯文光译，中央编译出版社 2008 年版，第 21、22、23 页。

的形式存在的东西"。①从这些思想中，我们看到了拉康语言和无意识关系理论对于阿尔都塞的深刻影响——无意识最终要表达为他人的话语——而新的文化结构终究可以"使我们能够生产出理解这种非理性中的理性所不可缺少的概念"②。

阿尔都塞提到过经验主义，他认为经验主义认识概念既可以是理性的经验主义，也可以是感性的经验主义，或者包括两者的经验主义。在经验认识的过程中，主体通过其抽象活动，将认识对象的本质抽象出来并占有它，形成认识，这样的结构即是经验主义的结构模式。那么，这种抽象活动是什么样的呢？净化——从非本质的部分中剥离出本质的部分，因为二者在现实中是相互设定的，所以抽象的提炼是必要的。但是这样的结果是获得"单纯的、赤裸裸的本质的现实存在，于是对这种本质的认识不过是简单地看"③。

阿尔都塞始终坚持马克思主义是"理论上的反人道主义"，这是值得深入辨析的问题。首先，什么是阿尔都塞阅读理论中的"人道主义"和"反人道主义"？其次，什么是理论的反人道主义？与实践的反人道主义有何不同？再次，出于我们研究主题的需要，须厘清阿尔都塞的"人道主义"与这里的"人本主义"有何异同？

什么是阿尔都塞固有的阅读理论中的"人道主义"？这个问题的时代背景和主流哲学密切相关。针对当时马克思主义研究的潮流，阿尔都塞认为，"人道主义"是把"人"作为立论原则去观察世界和进行社会实践的一种意识形态和情感立场。现在看来，不仅是马克思本人，阿尔都塞也更多的是在"人道主义"这个概念中倾注对于自然主义（相较人的自然属性来讲的人，与其他动物性相比对的人）的区分。有"人道"，必

---

①②③〔法〕路易·阿尔都塞、艾蒂安·巴里巴尔著:《读〈资本论〉》，李其庆、冯文光译，中央编译出版社 2008 年版，第 26、29、33 页。

然有譬如"物道""神道""动物道""植物道"等类属的同道，可见，人和其他类的不同，特别是自然属类的不同确定了"人道"本身的根本意义。在马克思的书中，还提出了"异化"这一概念，更是对人的自然属性变化的浓墨重彩的一笔。这里涉及一个"人道主义"对"人的本质"的看法的厘清。青年时期的马克思认为"人的本质"首先是追求自由的，提出"自由确实是人所固有的东西，连自由的反对者在反对实现自由的同时也实现着自由"①，以理性辅助的人才能达到和实现真正的自由。他说："哲学所要求的国家是符合人性的国家"②，这样的国家"是一个庞大的机构，个别公民服从国家的法律也就是服从自己本身理性的即人类理性的自然规律"③。所以看上去，人类"自己本身的理性"是和"人类理性的自然规律"相一致的，且自由也是人类"固有的东西"，那么具有这两个本质特点的"人"也是自然的和本然的。阿尔都塞承认这样的马克思主义是"人道主义的马克思主义"。但是"人本主义"和"人道主义"有着根本性的区别。阿尔都塞认为马克思思想的第二个阶段依然秉承着人的哲学，只不过如同马克思本人所说，"人的根本就是人本身"。人只有在社会中成为与社会相和谐的人时，才可能实现其本质中寻求的自由和理性。这个时期马克思的思想已经不是自然主义倾向的"人道主义"，而是具有"人本主义"的社会属性原则。而且这个时期的马克思还提出了异化理论和人的社会实践的重要性理论，因为人可以在其社会实践中恢复被异化的人性和发现人的本质。人们渴望在人类的社会共同体（共产主义社会）中重新恢复人性——将被异化的人性重新归还给人类。可见，费尔巴哈的人本主义是完全不同于马克思所讲的"人道主义"的。综上所述，在马克思的青年早期，信仰的是一种"人道主义"的意识形态，而在青年中晚期，他秉承的是一种"人本主义"理论原则。可以确

①②③《马克思恩格斯全集》（第一卷），人民出版社 2006 年版，第 63、126、129 页。

定，马克思早期的思想理论是不存在所谓的"反人道主义"思想原则的，反而是一种较合理的"人本主义"初步理论从意识形态的萌芽（作为意识形态的"人道主义"）到发展（作为初步理论原则的"人本主义"）的反映。

总之，正如马克思所说："具体总体作为思维总体、作为思维具体，事实上是思维的、理解的产物。"①可见，人的主体性在理论实践中天然地具有重要地位，那么宗教研究和其理论实践也不会例外。

---

①《马克思恩格斯文集》(第八卷)，人民出版社 2009 年版，第 25 页。

第二章　宗教人类学主题研究

　　任何一门学科都有自己的研究方法和以其学科特点为主题的研究，无此则不能成就这门学科，宗教人类学亦是如此。但是，正如斯特劳斯所说，由于社会科学的研究使有些人相信"人类学与其他关于人的科学之间的区别乃是方法上的，而不是主题的"，故而不仅是西方人类学研究、当今人类学研究，甚至中国宗教人类学研究也有越来越多不再讲求对于特殊主题研究的表现，这样做的后果影响巨大，会使得专业非专业人员罔顾田野事实本身的复杂性，采用一些臆想的形而上的调查手段和方法，甚至实验……这样调查的结果很难说具有很高的学术研究价值。宗教人类学经典的研究方法固然是过于经验主义的，但却是"精确的和细致的"，"这种方法除非对于其自身的主题、特殊的特征以及特殊的因素取得不断精确的认识，就不可能得到巩固，更不用说是提高了"。[①]传统的方法固然有其可取性，但在主题研究的过程中，更有新的理论和方法在适应不同的资料现实中涌现出来，从而得到了有力的发展；但这种发展并不是以牺牲学科的特点和内容，简单化与形而上学化而得来的。

---

　　①〔法〕克洛德·莱维－斯特劳斯著：《结构人类学》，俞宣孟、谢维扬、白信才译，上海译文出版社1999年版，第108页。

第一节　禁忌

"早已有另一种具有极大影响力、源自行为之纯粹巫术性规范的宗教伦理的机制存在，违反了的话即被视为宗教性罪恶……人们都必须避免激怒此一精灵，省得它附体于此一多管闲事的人身上，或是以巫术手段伤害此人或它所附体的任何其他人……一旦这样的观念发展开来，具有巫术性卡里斯玛的人即可借着巫术的施为，使各种各样的物或人附上（对其他的物或人而言具有）'禁忌'的性质……在禁忌制裁之下结合有无数的经济与社会利害关系……禁忌可说是宗教对在其之外的利害相关的领域、最早且普遍的、直接控制的例子，这点也反映出宗教领域特异的自主性——可见之于禁忌之费劲且又麻烦的规范（即使对受益于禁忌的人亦如此）之不可思议的非合理性。……禁忌的合理化最终导致一种规范体系，根据此一规范，某些行为永远被视为宗教性罪恶，必须接受制裁，违反者有时甚至被处死，免得由于个人的宗教性罪恶而使邪恶的巫术危及整个团体。以此，即出现了一种伦理制度，而禁忌则为其最终保护。"①

对于禁忌这个话题，韦伯比较有权威性地发表了如上的看法。在韦伯看来，禁忌的存在是为了保护一种现有的社会伦理制度的合理存在，而这种伦理制度最早可能起源于：(1)人们对于精灵附体伤害人们的巫术的恐惧；(2)具有卡里斯玛力量的人可能利用巫术作用在各种事物之上对人们进行伤害的恐惧；(3)对于受到伤害影响的社会关系和经济关系的保护。如果违反了禁忌就会受到道德审判，有些甚至首先直接受到宗教的

①〔德〕韦伯著:《韦伯作品集·宗教社会学》,康乐、简惠美译,广西师范大学出版社2007年版,第47~48页。

制裁。这属于宗教社会学对禁忌的解释。

广为人知的心理学家弗洛伊德也很关注宗教的问题，他写过一本著名的书——《图腾与禁忌》，按照他的精神分析学说的解释，禁忌是反映矛盾心理的概念，禁忌往往和强烈的本身、冲动、欲望联系在一起，但却不一定意味着可操作性，因为它同时也联系着不洁的、不伦的、罪恶的等可能的情感和情绪体验，这种矛盾的状态往往使人们对于禁忌的人或事物敬而远之，觉得其神秘、不可捉摸等等。禁忌往往会有一些表面上自然而然的理论对其进行解释，以保护其合理性，但是这类现象一般会具有更深层次的潜意识根源。

禁忌最大的特点是具有强烈的"感染性"，或者说"传染性"，因为一旦有人触犯了禁忌，那么这个触犯禁忌的人也会成为禁忌本身。人们对其会感觉恐惧，避之则吉，似乎有一种黑暗的力量萦绕在禁忌的领域。

弗雷泽在《金枝》中谈道，禁忌是一种保护，首先是对某类人的某类权利的保护，特别是对生命权利和安全的保护。禁忌可表现为四种方式：第一，对特定人群的禁忌；第二，对特定物的禁忌；第三，对特定行为的禁忌；第四，对特定词汇的禁忌。

第一，对特定人群的禁忌。

其一，对部落首领或皇帝等一些社会群体的首脑有禁忌。比如，其吃穿用过的物品、器具等不应随便使用，除非得到特别许可（不必遵守此禁忌的人应适当"感染"到那个当禁忌的人的气息或通过某些方式关联上此人，再就是以"赎罪仪式"来达到不被伤害的目的），否则会患病。究其原因，此类被禁忌随便接触的人，一般是被认为具有人—神特质的人，一旦接触到其使用过的物品、器具，就会被其神力带来灾难性的伤害，而这样的后果对于人—神本人也会带来损害，所以有必要将其与其他人相隔离。事实上，围绕着如上信仰，人们建立了一系列观念来保护它，这既是社会事实，同时又是心理想象中的结构，如果不遵从这种思维和特定的行为而触犯禁忌，那么这种信仰加上违背了信仰导致的后果所带来的心理恐惧会真正地置人于死地。

其二，对于和死亡的人有接触的人的禁忌。这种人包括以安置死亡的人为业的人，死了伴侣尚在服丧期的人等。这是人们害怕那种魂灵的死亡气息感染到他人而内心隔离并在现实中设置的禁忌。

其三，对生理期妇女的禁忌。生理期包括月经期、分娩期、小产或流产期等时间段。此时的妇女因为出血而和某种令人不安、恐惧、不净等的感染性力量相连，甚至可能影响到整个"宇宙"的秩序，因此要求其须自动自觉地与人群隔离。

其四，对于战士的禁忌。由于战争代表着危险，代表着生死之际，因此，对于战士，特别是出征前后的战士也往往有颇多禁忌，如禁欲、洁净身心等等，务必使进行战争的战士处在一种具有饱满力量和神圣的精神状态之中，从而在战争中取胜，获得生的机会。当然，从战后的对于战士的禁忌要求里，还可以引申出对于杀人者的禁忌。

其五，对于杀人者的禁忌，其实是对于被杀者鬼魂的恐惧。这种禁忌往往会要求举行祭奠仪式，祈求宽宥，以安生魂。也有举行驱魂仪式来驱逐亡魂的，还有用禁欲与洁净等方法。有些地方的禁忌中有隔离，但并不是都会如此。还有对猎人和渔夫的禁忌。由于很多原始部族是相信"万物有灵"的，所以他们对于其他动物灵魂的处理方式与亡人灵魂的处理方式是相似的，因此也会有种种禁忌。

对待禁忌的人，人们抱着其为"危险"的态度，这种"危险"既是对于被禁忌的人，也是对于他们之外的人所具有的情况，是一种精神和灵魂所具有的"危险"，有很大一部分是想象的，或者说心中所感觉到的"危险"，但是心理问题的影响往往是巨大的，有时候恰恰是可以致命的。所以，隔离不失为一种有效的方法。

不过，"在野蛮人或未开化民族看来，事物和语言，同人一样，都可以暂时地或永久地赋以禁忌以神秘性能，因此就可以要求在或短或长时期内从日常生活习惯中予以摒弃"[①]。因此，在《金枝》中，弗雷泽也花费了相当多的笔墨对事物和语言中的禁忌进行了描述和分析。

第二，对特定物的禁忌。

其一，铁器禁忌。例如，不许用铁器触及神圣之人，犹太人在耶路撒冷建造神殿或祭坛时不使用铁制工具等等。根据弗雷泽的分析，原因在于铁器在刚开始使用的时候，很多人对其有怀疑，所以不喜欢用。在心理学上也有这样的说法，荣格曾经认为，人类有"恐新症"，即凡是新鲜事物，人们一般都会习惯性地因不熟悉而排斥或因不习惯而恐惧它。这和弗雷泽的看法有相同之处。在宗教范围内，这种"恐新症"的程度会更厉害一些，概因宗教领域比其他文化意识形态领域更具有真实性。

其二，锋利兵器的禁忌。主要指新亡人后，其屋内需要在一定时间内禁用这类器具。还有就是神圣之人或首领的屋内、近处也同样禁用。究其原因，主要是怕锋利的兵器伤害到了鬼魂和有神力之人的力量造成伤害和反噬。

其三，血、头部和头发的禁忌。例如，禁忌将血洒在地上和禁忌触摸孩子的头部等等。因为原始部族相信血中含有灵魂，而头部常常是人身中神灵的居所。对头发和理发的禁忌则是比较特殊的部分，因为头发往往是被作为巫术——特别是接触巫术——的直接信息源，所以在理发的时候，有时候需要举行一些小小的仪式，如念剃刀咒，或者提前吃下一些特殊的食物，以解除禁忌等。

其四，唾液禁忌、结和环的禁忌等等。因为这些都和巫术、象征、结构、仪式有关，之后的章节中还要进行相关内容的论述，在此不再赘言。

第三，对特定行为的禁忌。

[①]〔英〕弗雷泽著:《金枝》,徐育新等译,大众文艺出版社 1998 年版,第 335 页。

在实行这一禁忌的时候，往往对"陌生人"有不同的对待方式，仪式会被用于解除"陌生人"对于人们的威胁感，通过特定仪式的作用，确定其不再具有对他人的"魔力"。所以，"陌生人"成了一种直接禁忌，因为陌生，所以有神秘感和距离感，从而产生莫名的恐惧感，这是人类的一般心理，而这种心理使人们产生避之犹如避开危险的感觉。当然，那种去除莫名力量的仪式有时候看上去并不具有日常生活中常见的行为和表征，可能会具有非理性的特点。

饮食的禁忌也相当广泛。因为饮食是要从口唇进入人的身体的，所以人们对于食物的态度是非常小心的。同时，据说灵魂也可以从口中出入，为了防止灵魂逃逸和邪灵入体，禁忌从而产生。至于为了保持神圣或圣洁，只露出眼睛而遮住面孔，也是一种经常见到的禁忌。

第四，对特定词汇的禁忌。

对词汇的禁忌，弗雷泽这里的介绍相对有限，只涉及对名字的禁忌——事实上在词汇方面的禁忌是相当庞杂和繁多的，涉及的文化也千姿百态。

弗雷泽谈道，因为名字所代表的人或物具有实实在在的对应和联系，所以人们认为巫术也会通过名字来为害人，因此人名的禁忌也是原始部族重要的禁忌。人们往往对自己的名字进行隐瞒或可能使用假名和更换新名。禁忌妇女和陌生人听到自己的名字，如果必须让人得之，也要小声地说出。所以民俗中也有取两个名字的：一个大名，一个小名；一个好名，一个贱名……而且名字由别人说出，并不会招致损害，但不能由自己说出。弗雷泽猜测，因为自己的名字由自己说出来就成为自身的一部分，而别人说出，就和自己没有真正密切的关系了，因此不会对名字本人造成伤害。除此之外，还有对亲戚名字的禁忌、死者名字的禁忌、对神圣之名的禁忌、对神名的禁忌等。

总之，弗雷泽认为在名字的禁忌中，表达最为鲜明的就是对物质和非物质、名字和物质东西之间的混淆。①

　　也许对于禁忌文化外围的人来讲，禁忌看上去是非理性的，但是对于具有一些特定观念和信仰的人来说，这样的思想原则是顺理成章的，无须过多解释，这有一些约定俗成的意味在其中。道格拉斯还对禁忌进行了功能性分析，认为禁忌作为一种行为的规范，是不能离开特定的社会语境去评估的，它是社会文化系统的组成部分。②

　　但不得不承认的是，禁忌有时候只是来自想象中的危险，所以为了避免这种想象的危险，人们为自己的生活设置了种种禁忌——一些行为规范，以便使自己的心灵保持平静，感觉到更多的愉快。这在心理学上是具有重要意义的。但由于文化建构的起源和方式多样，一些禁忌已经无法找寻到最初的构成元素、起因、动力和目标了。所以，对于禁忌文化的研究其实是复杂的，不能仅用某一种或某几种理论去解释，它必须合理地还原可能具备的时、空、器、式等要素，简单说就是情境。

　　随着人类科技与文化的不断变化和发展，禁忌似乎并不能很明显地看到了，人们日常接触到的更多的是语言的运用和变化发展，而在语言范畴中，越来越多的文化现象表达着的禁忌有时候确乎是如此的深刻和普遍。可见，如同近现代心理学家们的研究所表明的，禁忌也日益内化成为某种无意识的语言结构，或者说，现今的禁忌文化更加复杂和多样，基本上是介于行为规范和语言规范之间（行为禁忌和语言禁忌），人们似乎来到了拉康笔下的描述之中——拉康认为他所倡导的精神分析心理学是科学的心理学，因为他宣称自己的研究对象是具有相对性的。

　　"我们称之为文字的，是具体的话语从语言中借用的物质支撑。"③

---

①〔英〕弗雷泽著：《金枝》，徐育新等译，大众文艺出版社1998年版，第385页。

②〔U.S.〕Arthur Lehmann, James Myers, Pamela Moro. MAGIC, WITCHCRAFT, AND RELIGION An Anthropological Study of the Supernatural. McGraw-Hill Higher Education. 2004, Page 72.

③〔法〕拉康著：《20世纪思想家文库·拉康选集》，褚孝泉译，上海三联书店2001年版，第425页。

——这意味着语言的存在早于主体话语的使用。如何理解这句话？因为如果分类标准，或者说用于区分的观念已然存在，语言才可能转变为话语的支撑，否则话语永远也无法表达它自己——没有对外界的判断，语言结构无法浮现，话语也无法产生。而禁忌以一种非定义的方式，以否定外部事物和关系的方式，确定了核心内容，避免了下定义，避免了核心部分的物质化、清晰化和标准化；或者说禁忌的中心是被标准化和物质化及分类了的存在包围着，从而更显示出其神圣和不可触摸、不可言说的性质。而这种性质往往是以"情境"来表达的，尽管不能很好地，或者说有可能基本上不能用语言明确地表达这个"情境"。在某种程度上，在人类思维的某个阶段，禁忌划分出了宇宙时间和空间的结构，这才使人们真正落实到了"人"的世界，具体化了自身的生活。的确，禁忌就是以这样具有重大意义的面目出现在人类生活史中的，并且无论禁忌被人类纷繁复杂的文化改造成如何的形式，都还是免不了以某种相似的"情境"出现。禁忌在弗雷泽的眼中也是一种巫术。

第二节 巫师、占卜者与实践的概念

理解巫师的概念，首先需要界定一下巫术与宗教，这样才能在一定的标准之下区分和理解巫师与宗教从业者的异同。当然在这之前，人们能看出来的就是：在运用超自然力量这一点上，无论是被定义为巫术，还是被定义为宗教的文化现象都具有一个特征。这就至少说明了一个问题，巫术和宗教都可以活跃在同一个领域——运用超自然观念施行实践活动的领域，或者说"结构"中——文化的结构。只不过巫术讲求的是技艺——用技艺控制超自然力，而宗教讲求的是信仰——一种与"神"同在的超然心理。如果非要在超自然界说明巫术与宗教的不同，那么巫术可以看作是超自然观念结构的基础层面，而宗教可以看作是超自然观

念结构的较高层面。巫师则像是那个基本层面的"主体",主要追求技巧及实效,得到现实生活的好处。宗教专业人士则更像是弃绝智巧的"修士"(较高层面的"主体"),一心求得大道,得到终极(生命)解脱。

虽然巫师是追求技艺来达成目标的,但其对超自然力量的可操作性信念还是非常坚定的,因为对他们来讲,没有坚定的信念(观念)是不可能顺利实施巫术实践的,所以,交感巫术确信"自然现象严整有序和前后一致。巫师从不怀疑同样的起因总会导致同样的结果,也不怀疑在完成正常的巫术仪式并伴之以适当的法术之后必将获得预想的效果……他只有严格遵从其巫术的规则或他所相信的那些'自然规律',才得以显示其神通……"①从后一点来看,巫术和科学是有相近性的,二者都相信有不变的规律存在着,都相信掌握了一定的规律就可以运用规律,从而实现对于自然和现实的改变或改造,这一点对于人类是有相当吸引力的,这也是巫术无论在人类历史的哪个时期都存在的重要原因之一。当然,因为人类的精神需求得不到满足,从而导致对于巫术类事物的追求,同样是巫术历史性存在的另外一个重要原因。当然,说到巫术与科学的相近之处,不等于人们承认巫术就是科学。

然而真正对于巫术和宗教下定义的时候,还是难免踌躇,因为人类学在人类晦暗不明、模糊不清、隐隐约约的超自然想象和主观经验的世界中翱翔的确不是那么容易的事情,人们要做的直到目前也只是尝试,这其中比较有代表性的是马林诺夫斯基。

马林诺夫斯基在《巫术与宗教的作用》中谈道,"经验和逻辑使人们懂得,在确定的范围里,知识是至高无上的;但是一旦超出这个范围,推理方式所建立起来的实用经验就无能为力了,尽管人们认识到自己的

---

①〔英〕弗雷泽著:《金枝》,徐育新等译,大众文艺出版社 1998 年版,第 75 页。

软弱无力，但他们不甘心自己无所作为"①，这时候巫术就出现了，出现在了"人力所不及"的领域。从这一点出发，巫术具有极其丰富的形式，并且无处不在。从原始社会至现代科技高度发展的社会，巫术有越来越兴盛的趋势，究其原因，还是因为"人力所不及"的领域始终存在着。当然现代社会与早期社会不同的是，人们更多对经济和健康领域的巫术产生兴趣，可见，巫术"总是与强烈的情感，与幻想，与尤为强烈但不可能实现的愿望密切相关"②。

对于巫术与宗教的区分，除了上述所说，还有就是巫术与宗教都具有仪式。人们虽然不易从仪式本身去判断、区分巫术和宗教，但一些仪式所具有的客观条件可以使人们进行简单的区分。比如说仪式的时间、地点、禁忌等还是有所不同的。巫术仪式的时间一般会选在夜间和阳光不充沛的时候，而宗教仪式的时间一般在白天。巫术仪式的地点一般会在隐蔽处或信者家中，而宗教仪式一般在宗教场所或其他较公开之处。巫术禁忌一般会较多、较奇怪（不能用一般的社会习惯去解释），而宗教禁忌则是由其教义教理明确说明的。

总之，巫术的出现意味着心理冲突的出现、情感矛盾的出现和人们试图用技艺（由观念中的理性原则所决定）去解决精神性冲突达到和谐的表达。

其实，若用特纳的"交融"概念解释巫术和宗教则更有意义。在特定的人类文化结构中，这二者无疑都是人们交融的具体方式，巫术更多是属于"自生交融"的状态，而宗教则是"规范交融"和"空想交融"的复合状态，它们都游离在结构边隙中，超越了社会结构所具有的规范和原则，以一种更真实的情感体验，促使人们在其信仰的观念之上去思

①②史宗主编：《20世纪西方宗教人类学文选》(上卷)，金泽、宋立道、徐大建等译，生活·读书·新知上海三联书店1995年版，第93、90页。

考生死、社会、人和自然，以适当弥补社会结构的疏漏、不平、不道德、不公、不义等等；或者说，巫术与宗教也可以是"阈限"文化——其文化的结构类似特纳对仪式三阶段中"阈限"所作的描述——巫术与宗教的结构使得人们在一种超自然的信念和信仰基础上，产生平等、公正、友善、温情等的氛围和情境。它不但是对被社会异化了的人性的精神"救赎"，还是对于在社会中挣扎的社会人的矛盾与冲突的精神抚慰及深刻的同情。因为在这两种"阈限"文化中，人们需要的是一种情怀，或者说是一种心理状态，是以多样的象征性满足为主体的心理状态。巫术作为"阈限"文化，可使人们在对其实践的实行中得到暂时性的自我满足；而宗教作为"阈限"文化，可使人们在对其信仰中得到精神升华式的自我完善。不过在现实中，这两种文化有时候也是交织在一起的，巫术中巫师有时候会假借宗教之名的神灵行事，而宗教中有时候也行巫术仪式，只是界定会利于人们分辨，实际上并非清晰明辨的。

一、巫师和巫术

马克斯·韦伯认为："我们首要的工作是分辨各种类型的先知与其他各式各样包办救赎者（不管是否为宗教性的）之间的区别。"[1]

在他看来，二者的区分固然在于是否体现为纯正教义上的救恕，但有时候也会表现为职业性的（收费获利的）和不图利的传道的区分。在这样的"包办救赎者"中就包括巫师，而且通常来说，在民间文化中，巫师是"技术上"最具有典型性的。由此可知，先知与巫师的区别最明显的一点就是，前者是正式的具有宗教性精神的"救赎者"，而后者——"巫师"则是不具有前者特征的民间的非正式的精神救赎者。至于说到是

---

① 〔德〕韦伯著:《韦伯作品集·宗教社会学》,康乐、简惠美译,广西师范大学出版社 2007年版,第 61 页。

否具有"宗教性",巫师一般不会承认他们是"非宗教性"的,通常他们会借着某个宗教的名义,自称是某位神灵"附体",而这些神灵一般是其宗教中较高品阶的,"法力"也较为强大,因其修炼而借体,此种现象亦被称为"顶神"(中国民间巫师常用语)——神灵"上身"(即附体)等等。

可见,巫师在一般人的眼中留下的印象是:既有人类的人性,又在一定情况下"通灵",具有了暂时性的"神"的特质("人神"——弗雷泽),也就是人们通过自身的体质,或是更多地通过一定的巫术仪式达到利用某种超自然力量替其委托人达成心愿。从性质上来看,这样的巫师因其效用被人们区分为"黑巫师"和"白巫师"。其实巫师的分类主要是从其实行的巫术的性质来区分的。看过弗雷泽的《金枝》,可能对他的巫术分类会有所了解,他将巫术分为交感巫术和接触巫术。事实上,在他看来,"禁忌"也是一种巫术,是通过否定来实现目的的巫术,因此他也称它为"消极巫术";而与此相对的还有一种巫术,被称为"积极巫术"。施行巫术,特别是施行"积极巫术"的人,被称为"巫师"。既然弗雷泽认为巫师是"人神",具有这种体质的人还可以是宗教化的,但只有被巫术化的,才被称为"巫师"。

早些时候,当巫师凭借其技术为了团体中大多数人的利益而存在的时候,说明巫师阶层出现了。他们是一群脱离了体力劳动的人,被鼓励对自然和宇宙以及人神的世界和关系进行探索,也可以说他们是最早的哲学家团体,当然也是最易于出现权力人物的阶层。不过还有专家认为,巫师和其阶层是因为人们被一些人群的不同于他人的特征所激发出的强烈社会情感的产物,最终在这种强烈社会情感的影响下(方式包括口口相传),越来越多的人对这些人群的身份态度趋于一致,逐渐形成了一类特殊的社会阶层:巫师及巫师群体。这类具有不同于一般社会成员特征的人群可能有女性、儿童、医生、理发师、掘墓者、刽子手等,也包括社会上的权威人物和陌生的外来人。这些人中，要么是有更多的感性思维特质，要么多数是具有某项专业技能的特长，要么是与生死问题相关的，要么是与人体的重要部分相关的，或是具有社会权力的，等等。最终社会对待这些人的不同态度形成了似乎具有不同于一般人的力量（或良善，或邪恶）的巫师及其群体。①

事实上，巫师及巫术广泛地存在于人类有史以来的各个历史时期，存在于不同的民族、部落和国家中。通常来讲，巫师被认为具有这样的外部特征：声音特殊，或天籁，或低沉……总之听到这样的声音，人们会有一种被超自然力量催眠的感觉；还有一些特殊的生活习惯，如吃什么、不吃什么、喜欢什么、不喜欢什么等等。除此以外，最关键的特征是其精神特质——是否具有成为巫师的特质。据说，这一类人至少是灵魂强大的人，在心理学上称为心理素质极好的人，他们不但可以控制自己的灵魂力量，还可以在此基础上借用超自然的外力。这种行为方式和目的，有时候可以直接通过"出神"的方法实现，有时候需要长时期地举行某种仪式，才能达到巫术的"出神"或巫术的最终目的。由于"出神"，或者说"神迷"状态对于巫师施行巫术至关重要，所以有些巫师是技术性地达到"神迷"的，比如说使用某些特殊气体（威廉·詹姆士《宗教经验之种种》一书中提到），这种方式也会在一些宗教聚会中使用。当然更多的巫师会自我催眠达到"神迷"，既而达到"出神"而去的目的。在宗教中也常常用到这些类似的方式。毋庸讳言，在近现代心理学中，对"神迷"和"出神"现象的研究表明，人类意识如果进入到某种层次的潜意识状态，的确会激发出某种类型的人体潜能，而巫师的这种情况应该也包含在这种情况之内。不仅如此，作为人类有史以来的巫师阶层，作为社会上

---

① 〔英〕菲奥纳·鲍伊著:《宗教人类学导论》,金泽、何其敏译,中国人民大学出版社 2004年版,第 251~286 页。

的一种特殊阶层，巫师不但要注重哲学问题、化学问题、生物问题、历史问题等方方面面知识的累积和发明，更在人类的心灵与精神和谐方面有其独特的贡献，当然在这方面只有宗教文化的贡献能与其共美。

无论何种类型的巫术，都需要巫师在"神迷"的状态下，灵魂与肉体分离（"出神""离魂"——据说是巫师最基本的能力之一），与超自然力量（如神、灵、精、鬼魂等）相沟通，在得到超自然力的帮助下，达成求助者的意愿。这是巫术的方法和目标，但巫术的这种方法也具有自身的构成要素，首先是巫术的施行者——巫师，其次是仪式。仪式多种多样，纷繁复杂，但一般来说是需要念咒语或施加以"巫药"，中间并行的就是一系列的固定程序和格式的仪式，通过这样的仪式达到巫师本人的神迷、通灵和出神，而公开巫术还包括使绝大多数参与者也要达到神迷状态，这个时候巫术仪式同时提供的是宣泄郁积情绪的方式和情境，使参与者达到一种"微醺"的状态[1]，甚至会觉得内心平静，或兴奋、愉悦等颇为正面的情绪效应。

在西方人类学研究中，往往将所谓的"妖术"与"巫术"相对比，但在中国民间，区别相对没有那么大。他们认为，"妖术"的能力往往得自于遗传，而"巫术"的技术则是后天习得的，这是最大的不同。在一般人的印象中，"妖术"多是属于邪恶和黑暗的，而巫术则更加复杂一些，虽然实际中表现出来的情况并非如此简单。

总而言之，巫师不仅仅精于巫术，还"经常是个博学的占卜专家，而且有时就只擅长此道。在此一阶段，启示还是维持着神谕或梦的解说的功能……巫师从梦中所得到的启示仍然要提交氏族会议，以供采用；此一措施的消失则象征着'世俗化'的一个迹象"[2]。

---

[1]〔美〕威廉·詹姆士著：《宗教经验之种种》，唐钺译，商务印书馆 2002 年版，第 376 页。

[2]〔德〕韦伯著：《韦伯作品集·宗教社会学》，康乐、简惠美译，广西师范大学出版社 2005 年版，第 58 页。

巫术的类型划分，现在一般除了沿用弗雷泽的说法，即巫术的交感巫术（亦称模仿巫术和顺势巫术）和接触巫术（或触染巫术）以外，还有其他的一些分类法。如运用蛊虫和蛊毒的巫术，一般称之为巫蛊巫术；借由超自然的神灵裁判人间是非真伪和财产纠纷的巫术为神判巫术；对人有益的巫术叫白巫术，反之称黑巫术等等。

弗雷泽认为，交感巫术的思想原则是"相似律"，巫师根据这个原则，仅仅通过模仿就可实现他的巫术目标，也可将其称之为"顺势巫术"。而接触巫术的思想原则是"接触律"或"触染律"，巫师通过一个曾与目标人物接触过的物体就能对目标人施加影响，从而造成后果。巫师相信这样的原则可以普遍适用于人类及其以外的无生命自然界。这属于巫术的观念和巫术实践的原则。不过弗雷泽将这样的观念称为"理论巫术"，而巫术在这种原则下的实践被他称为"应用巫术"。而早期的巫师，并不思考这样的技术背后的抽象原理，对其来讲巫术只是技艺，不是科学。[1]

巫术在施行过程中，必须要有"神迷"和"出神"的状态出现。其实在宗教的集体祈祷、经咒、治愈、显圣等时刻也少不了"出神"状态。按威廉·詹姆士的观点，这种状态是宗教体验中必然要出现的一环。这样一来，在某种时刻，"出神"就成了必需的技术。

威廉·詹姆士的《宗教经验之种种》一书讲述了一些宗教中具体的"神迷"和"出神"的方法——在他看来，这是一种"神秘意识"，是一些宗教中可以有计划地修习出来的能力。

1. 印度瑜伽

在这种训练体系中，通过调整膳食、姿势、呼吸和理智专注及适当的道德训练（这个过程据说可以是一种科学的有规律的特定方法），可使受训者最终进入"三摩地"状态，从而见到任何本能或理性所不能知道

---

① [英]弗雷泽著：《金枝》，徐育新等译，大众文艺出版社1998年版，第19~20页。

的事实。①

2. 佛教徒的禅定

佛教徒通过修习禅定的方法同样可以达到如上的状态。禅定的阶段由低到高，而较高层就具有"出神"的特性。

3. 苏非主义者神秘的静修

正如安萨里所说，只能通过神往、出神，以及灵魂的变形一步步实现，这些在宗教意识修炼中都是有自己的一套体系的。

4. 基督教的祈祷、神迷

在基督教中，他们通过"祈祷"外加对于上帝或"圣灵"意象观想的方式，使心灵超脱外部感觉，从而达到宗教上的极度喜乐。有时候观想的意象会完全消灭，那时候的意识会变成无法用语言所描述的一种状态。正如文中所说，"它越有生气，越亲切，越带精神性，越超乎感觉，它就越非内部与外部的感官所能表示，并且会使这些感官缄默"②。

中国人类学学者也有相关的论述，不过这个论述是针对萨满教巫师的"出神"研究而言的。萨满教的巫术与"神灵"沟通时要处于心醉神迷、神志恍惚的意识状态，他们主要通过运动——或舞蹈，或一定程序的行为，或音乐，或综合性的仪式。③

二、占卜者、占卜与共时性

"不管何处，只要占卜者成功地垄断了准备及解释神谕（或神之判决）的权力，他们往往能居有永远的支配性地位。"④

---

①②〔美〕威廉·詹姆士著：《宗教经验之种种》，唐钺译，商务印书馆 2002 年版，第 392、398 页。

③郭淑云著：《中国北方民族萨满出神现象研究》，民族出版社 2007 年版，第 107~118 页。

④〔德〕韦伯著：《韦伯作品集·宗教社会学》，康乐、简惠美译，广西师范大学出版社 2007 年版，第 43 页。

说到占卜之于神谕，毋宁谈到超自然力与潜意识。事实上，对于占卜这种利用"非理性"的方式预见未来或是窥测潜意识意象的文化现象，很多领域的专家都对其进行过剖析，荣格为此提出了"共时性"解释。他认为占卜并非因果关系的预计，而是"共时性"的表现。

荣格的"共时性"理论，按他自己的说法是建立在经验主义基础上的。"在大多数情况下，人们不愿意谈论这个问题，因为他们害怕会让人觉得自己是胡言乱语……所以我对这个问题的追求既有科学基础，同时也有人文关怀的一面。"①所以到目前为止，荣格所开创的这个以经验主义语言描述的，既有对科学战战兢兢的探索，又有人文的人本主义关怀的"共时性"领域。虽然还需要有更多的人走得更深入和更客观，但却不能否认荣格对于解释占卜及类似的宗教人类学问题的先行。事实上，荣格之前也不是没有人注意到这类问题，也并非无人试图对其进行研究和探索，正好相反，越来越多的人对这些问题有兴趣。如同阿尔都塞所言，为什么需要从马克思的文本中解读出他潜意识里真正想表达的东西呢？因为在马克思那里固然有对能指连环（拉康）的意义感应，他陈设了所有的，新问题可能得出的新答案的种种足够的知识累积，但却始终没有一个明确的新答案，为什么呢？因为在他那个时代还没有一个足以让他直接得到新答案的文化新结构，从而提供一个可以得出明确新结论的概念。所以到了荣格这里，当面临着与当年的人们同样面对的境遇之时，他能如何呢？他只是写出了他可以写出的东西，这是时代的决定性。

荣格的"共时性"试图回答属于非因果关系的问题。他认为，如果说在宏观领域内的物理世界是遵循已经发现的自然规律在运行，那么，在微观世界里，则是由不同的规律相制约，在解释自然过程的时候，在

①〔瑞士〕卡尔·古斯塔夫·荣格著：《荣格文集·第四卷·心理结构与心理动力学》，关群德译，国际文化出版公司 2011 年版，第 287 页。

某些特定的时候，有些事物相互之间的联系就可能是非因果关系，而是可以试着用其他原因去解释的。①而可以用非因果关系解释的事物的联系是很难存在于宏观世界的。

所以，荣格在这里又和阿尔都塞的思想同步（这个同步也并非真正的同步，反而可以用"共时性"标记）了，他们都说，由于旧的问题的答案会受到旧问题的影响，所以按照旧的结构去设置新问题并得出新答案的概率基本为零。那么，新的问题和对其的探索就不能是在旧的"关于世界的科学观点"上所能建立并得到答案的了。由于这样的一种状况，荣格的研究显而易见的就须从"唯一"的和个别的描述入手。但是，这种似乎是"唯一"的事情如果只存在于人们的经历中，不存在于别处的话，就永远无法成为经验科学研究的对象。在这样的"旧"的科学观点主导的情况下，荣格认为只能尽可能多地独立观察。他发现在人们的经验的偶然世界里，总是有和其他相符合的偶然事实，但它们之间却似乎是不存在因果关系的（没有发现不代表没有）。于是，荣格对他们进行了筛选，发现在偶然事实中，可以用因果原则解释的偶然事实远远大于不能解释的事实。但如果就此确定了区分是否具有因果关系的偶然事件的标准，那么显然是错误的，因为荣格本人也说："我明显不可能为了证实偶然事件是否是因果的而检查所有的偶然事件。"②那么为了找出非因果关系的存在，荣格又提出："在我们认真研究之后觉得因果联系是不可设想的地方，最有可能出现非因果事件。"③因果关系不可设想，只能意味着有人们无法想象出的原因或者结果，但不存在没有联系的事件，因为事件无论如何总不会是割裂的，如果是割裂的也就无所谓事件的存在了。所以，这里也要统一对于"事件"的定义，然后再来分析。这只

---

①②③〔瑞士〕卡尔·古斯塔夫·荣格著:《荣格文集·第四卷·心理结构与心理动力学》,关群德译,国际文化出版公司 2011 年版,第 288、290、290 页。

是荣格的思路之一。最有可能出现非因果事件也不意味着因果事件必然的不存在，也就是存在着因果关系和非因果关系两种可能，或者说两种关系有可能同时存在着——为什么事件之间就只能存在着一种发生联系的原则呢？如果从精神分析的角度来看，荣格在这个问题上受到了某种"情结"的干扰，使之不能更完整和更清晰地思考，因为他只看到了自己希望看到的那种情况的存在。

　　荣格举出了一例有可能是"共时性"的例子："比方说，我的电车票的号码和我随后买的戏剧票的号码正好相同，就在同一个晚上，我接了一个电话，对方提到了和这个号码相同的电话号码。对我来说，这三个事件之间似乎不可能有一点因果联系，尽管我知道每个事件的发生都有自己的原因。"①在这里，荣格的整体思维完全游离出了严谨的哲学论证之外，或者说缺乏哲学思维的论证的确是值得再思考的。他既然提到了"尽管我知道每个事件的发生都有自己的原因"，但是对于"这三个事件之间似乎不可能有一点因果联系"这件事，他没有把这件事放到他所知道的有自己的原因的那些事件中去。如果放进去，会发生什么呢？那就是"这三个事件之间似乎不可能有一点因果联系"的事件也是有自己的原因的。简单地说，"因为有原因，所以这三个事件之间似乎不可能有一点因果联系"；那么说明，因为有某种原因，使得这三个事件似乎不可能有一点因果联系——因为这个原因，现在这三个事件不可能有一点因果联系了，那么，这三个事件不可能有一点因果联系了也是有原因的。换句话说，这三个事件之间的因果联系是这三个事件不可能有一点因果联系了——因为某种原因造成了这个结果。所以还可以理解为，既然有原因可以造成这三个事件不可能有一点因果联系了，那么就必然有原因

---

　　①〔瑞士〕卡尔·古斯塔夫·荣格著：《荣格文集·第四卷·心理结构与心理动力学》，关群德译，国际文化出版公司 2011 年版，第 290 页。

可以造成这三个事件可能有一点因果联系。也就是说，这三个事件有可能既有因果联系，同时又有非因果联系——其实谁能说非因果联系就不是一种因果联系呢？而且还可以看出的是，更多的联系都同时存在着——特别是同时存在于那种所谓的"巧合"——荣格之后所说的"共时性"的事件之间。

事实上，对于荣格的"共时性"可以这样理解：至少有两个有意义，且意义几乎相同的事件同时发生，当然看上去事件之间不具有因果联系（通常认为是"偶然事件"），这样的事件就是具有"共时性"关系的事件。

荣格接着自己的思路继续谈道："我也知道偶然事件倾向于是不定期的事件，而且必须是如此，因为否则的话就只是定期的或有规律的事件了，而这从定义上就排除了偶然的发生。"①这里也存在一些问题，关于这个"不定期"的偶然事件——"不定期"显然是对于时间范畴来讲的，如果不定期就可以是偶然事件，那么不确定的空间，是不是也可以确定为偶然事件呢？反之，如果是确定空间发生的事件，是不是也不能认定为偶然事件呢？由推理得到：如上的三个事件其实是发生在确定空间的事件，其实也都不是偶然事件，只能说明对于偶然事件的定义不应该如此松散。当然也有些在不确定的空间存在着的偶然事件。综上所述，所谓的"偶然事件"的存在其实是一个未解之谜，称其为"偶然事件"的确还是值得人怀疑的。真的是偶然事件吗？什么样的事件才能称得上真正的"偶然"？我们之前以为的"偶然"是真的"偶然"吗？如果放在时空的整体来看，甚至超越时空来看，对于"偶然"是否要重新定义？

总而言之，那种对于"唯一"的和短暂的事件——偶然事件的成集合的出现，让荣格感觉到了"超自然的性质"。在这一点上，他反对叔本

①〔瑞士〕卡尔·古斯塔夫·荣格著：《荣格文集·第四卷·心理结构与心理动力学》，关群德译，国际文化出版公司 2011 年版，第 293 页。

华的"个人命运的先天决定性"的说法。虽然他承认他的"共时性"灵感得自于叔本华，但叔本华认为，生活的主体只能是先验的意志，即第一推动力。荣格认为这也是旧的文化结构所造成的旧问题的旧回答。他认为叔本华虽然并未和大多数人一样将这类现象的出现视为无意义，且对其进行了思考并做了结论，但因为因果律的概念所限，只能将人的命运对应于"先定和谐"和"第一推动力"。而荣格举了一系列的例子，试图说明在偶然事件的"共时性"出现中，"每个事件都指向了相关物体的相互吸引或者选择性聚合"①。他也试图以实验室的数据说明这类情况。②

————————

① 〔瑞士〕卡尔·古斯塔夫·荣格著：《荣格文集·第四卷·心理结构与心理动力学》，关群德译，国际文化出版公司 2011 年版，第 294 页。

② "人们已经明确地给出了非因果关系存在的证据，而且这一证据还有充分的科学保证。不过这主要是由 J.B. 赖因及其同事的实验给出的。但他们没有意识到从他们的实验研究中能够得出这么深刻的结论。到现在为止，对他们实验的批评没有哪个是不可反驳的。这个实验其实是主试接连翻开一些标了数字符号的卡片，卡片上有简单的几何图案。受试和主试之间隔着一个屏幕。受试要在主试翻卡片的同时猜测卡片上的图案。共有 25 张卡片，每 5 张有桢的图案。5 张上面是星星，5 张是菱形，5 张是圆形，5 张是波状线，5 张是十字。主试当然不知道卡片的顺序，而受试也看不到卡片。很多实验是否定性的，因为其结果是受试猜中的卡片数不超过随机概率，即没有超过 5 张。但是也有一些受试的表现明显超过了这个结果。第一个实验是，每个受试可以猜 800 次，平均结果是 25 张卡片有 6.5 次猜中，随机概率为 5，这样就超出随机概率 1.5 个点了。而能够超过随机概率 1.5 个点的概率为 1:250 000，这说明超过随机概率的比率并不高，因为 250 000 次才有 1 次。结果随受试的天赋而变化。有一个年轻人，有很多次实验中都猜中了 10 张卡片（是可能概率的两倍），而且有一次猜中了全部的 25 张卡片。这种全部猜中的概率为 1:298 023 223 876 953 125，独立于主试的装置保证了卡片是随机被洗的。

第一个实验过后，主试和受试之间的距离加大到了 250 英里（1 英里=1.609 344 公里），这时实验的平均结果是 25 张卡片当中有 10.1 张能够被猜中。在另一实验中，主试和受试在同一间屋子里，结果 25 张卡片中有 11.4 张能够被猜中；当受试者在隔壁的房间的时候，结果是 25 张卡片中有 9.7 张能够被猜中。隔两间房子的时候，能够猜中 12.0 张。赖因还提到了于舍尔和布尔特的实验。在他们的实验中，主试和受试的距离为 960 英里，其结果也是肯定性的。借助于同步手表，还在卡罗莱纳州的杜罕和南斯拉夫的萨格勒布进行了实验，两地之间的距离大约为 4000 英里，实验结果同样是肯定性的。"〔瑞士〕卡尔·古斯塔夫·荣格著：《荣格文集·第四卷·心理结构与心理动力学》，关群德译，国际文化出版公司 2011 年版，第 295~296 页。

对实验的结果，荣格下了这样的结论：时间和距离都对非因果关系没什么影响。他认为，这至少说明在感知和未来事件之间不存在能量关系，因为至少空间是会影响能量度的，如果实验结果表明不受影响，那么可见是与能量之类无关。同时，这也是不存在因果关系的另一个佐证——没有时间和空间就不存在运动，没有运动就不能说明存在因果关系。但是这里有一个问题，如果非因果关系的事件出现不受时空的影响，那么它受什么影响呢？荣格希望可证实是受到心理条件的相对影响，甚至他将共时性定义为"心理所限定的时间和空间的相对性"①。因为，赖因的实验表明，与心理相关联的时间和空间有弹性，似是由意识和心灵所设定。②也即，受试的答案似乎皆"来自纯粹的想象"，来自"偶然观念"（联想原则的产物，且是非图像性的联想，或可称为"直觉"观念），"这些想象和观念提示了产生它们的东西，即无意识的结构"③。

在荣格看来，诸如中国的易经占卜、西方的占星术等等，这些占卜方法中表达的最基本原则就是"共时性"。—— 一定的外在象征对应着一定的生活和哲学意义，完全出乎自然而得到的外在象征的过程，从根本上显示着非因果的共时性事件出现，而这个得到的外在象征可以是卦象，也可以是星座等，具体操作方法可能大相径庭，但依据的思想原则相似：尽可能无施加条件地得到无意识的象征。而这个象征是所想占卜的结果"共时性"出现的，也就是说"共实"，这里的"实"指内容的相同和类似，或可比附性。可见，在宗教人类学的这一领域，"共时性"理论有它一定的学术先锋意义。

看上去，荣格及对此理论的分析和研究过程有着种种基于时代和自身的文化局限性，但他在这个领域的创新性是不能视若无睹的，需给予正视。

①②③〔瑞士〕卡尔·古斯塔夫·荣格著：《荣格文集·第四卷·心理结构与心理动力学》，关群德译，国际文化出版公司 2011 年版，第 297、297、298 页。

第三节　符号与情境

符号由于与确指（一或多）的内在共通性意义而成为确指的象征。这里的确指只是在能指意义上被符号所对应而成为被指称的。符号作为象征，其实是一个工具，一种中介。由于意义的对应性，外部衍生的特征都是源自于它，所以是意义决定了包括符号在内的所有外部特征和对应性。有时候，符号与确指（对象）看上去也许大相径庭，但依然由其深层的决定因素制约着。

可见，无论是符号的存在，还是确指的被指称，无不是一种相互关系所决定的实在，这种实在事实上是无处不在的因果关系的实在。

在斯特劳斯看来，图腾、禁忌、亲属关系、神话、原型等等，无不是一种信息的传达，这种信息以符号象征的方式表达着意义，而后者则依赖于"结构"，或者说社会文化主要是依赖"心灵结构"——这种集体的无意识——即社会事实之间的关系建构着自身。

英文 symbol，如果翻译成中文，可以译为象征，也可译为符号。事实上，符号总是可以作为象征性的介质，而象征往往也表现为符号。

象征，顾名思义，并非仅其所指，更多的是按其所意指表达其所能指。因此，象征是一个复杂的问题。如果单从逻辑和语言的角度来研究象征，将其作为符号学来研究，将属于另一个学科领域。但将其作为文化角度来研究，即研究象征文化，必然更为宏观和立体，甚至具有"实用"价值。

一、符号学

阿萨·伯格指出："符号论的根本突破在于通过语言学模式，把语言学概念应用于其他现象，也就是文本，而且不限于语言文本。"①

如上所述，当然我们生活在一个意义的世界中，当符号不仅仅表现为语言的符号，那么它也就不再局限在文本局域，也不局限在语言一道，而是更加广义地开始表现自我了。也即必然还有相当大部分象征其实也会表现为广义的符号，可能表达为如下的任何一种符号形式。比如，语言、意象、文字、情境、人、事、物的符号等等。基于这一点，约翰·迪利认为："符号学的核心正是这样一种认识：全部人类经验无一例外地都是一种以符号为媒介和支撑的诠释性结构。"②但是这个说法更多的时候无疑止于一种巨大的局限。如果人们视人类经验只是物理世界本身的一部分，人类符号的所指只是自然符号所指的一部分的话，人们可以用更深刻的方式去处理符号的问题。所以我们要讨论的符号，概括地说，"它既包括自然符号，也包括社会符号。这个视角甚至囊括了那些属于心智产品的符号——设定的符号"③。通过这些符号及其意指现象，充实了一种符号学的观点，约翰·迪利认为这种"符号学或符号学观点的基础在于认识一种本质颇为特殊的活动形态。我们说过，皮尔斯将这种活动称为'指号过程'"④。既然如此，则语言象征显然只是"指号过程"的形式之一，而不是全部。从这一点出发，约翰·迪利也不认为结构主义就等同于符号学，因为从根本上说，符号说的应有之义就是对于叙事性的容纳，所以毋宁说结构主义只是符号学的一个侧面。⑤对于迪利的这个认识，其实人们也可以说

△结构主义
○符号学

---

①②③④⑤〔美〕约翰·迪利著：《符号学基础》，张祖建译，中国人民大学出版社 2012 年版，第 2、7、8、13、20 页。

依然具有局限性。如果说结构主义是被包含在符号学出发点之内的，那是有价值的认识，但是依然也可以说符号学同时也包括在结构主义之内，因为从结构主义的应有之义来讲，符号学也是它的一个侧面。

可见，符号在结构中是有其意义的，同时结构也为符号提供了解释。人类学要研究的就是符号的作用和意义，而宗教人类学则研究宗教及宗教文化符号的作用和意义。

二、符号象征：《周易》中的符号

人类是意义的创造者，这不但包括对其生存意义的创造，同时也包括对其所存在环境意义的赋予，因而人们主动或被动地生活在一个有意义的世界里。而意义却不是简单的所指就能表达，往往是所不能指的表达，因为人们直接认识到的往往不够深刻，不足以表达人们所希望其能承担的那种东西。这种情况下，符号便应运而生了。不同文化背景和需求都可衍生出多种多样的符号及其系统，不能一一而述，只能择其具有代表性的进行剖析以阐释对符号意义和作用的理解。

典型性的符号系统有许多，其中最具代表性的有中国的《周易》。《周易》是被人们称为"象"的符号系统，而"象"也通"像"。在中国的象形文字世界中，象形文字本身就同时兼具音、形、义三职。一个象形文字不但是义（意）指的，也是音指的和形指的，也就是说象形文字不但象征文字所表征的意义，也象征着同类声音和似声表征的意义，同时也表征着类形事物的关系和意义。或者更确切地说，是既分别表达着如上的意义，同时又表达着如上的综合意义。事实上，一个汉字就是一个"结构"，是中国人的宇宙结构和文化结构的对应。而《周易》里蕴含的却并非仅仅是象形文字，而是"象形"的符号（图象—卦象），以最终达成"象以尽意"之义。事实上，中国的释、道、儒三家都从《周易》中受到了或多或少潜移默化的影响。至于中国医学、天文学、数学、艺术、军事、武术等学科，也都公认《周易》所体现的思想亦是其重要的来源。

《周易》分"经"和"传"两部分，"经"部是卦爻象（图像）和对于卦爻象的文字解释，即卦爻辞。这是一种特殊的象征系统，主要是由64卦（复合符号）加以对其不同层次和方面的解释组合而成。它不但蕴含着一些哲学思想，表达着对宇宙自然不同角度的理解及对人们狭隘或不合于"道"（宇宙规律）的思想有意无意地修正，更是在此意义上对人们生活的过去、现在和未来在整体上进行的一个超越于现实的精神解释。所以，《周易》也常被看作占卜之书，即所谓的"未学易先学卜"。似乎占卜（预知）才是易经符号最具有意义的作用。但又有一语，"擅易者不占"——了解了易经符号含义的高手，就不再汲汲于占卜这种事情了。

事实上，所谓"未学易先学卜"，这样的说法首先是对符号学中所讲的符号的形成和作用的不理解造成的。由于每一个符号都必然有一个或多个本身作为意指对象的"所指"，"'所指'虽然可以是一种心理现实（例如在心理分析学或不同阶段的心理活动的分析当中——本书作者），却极少如此。在更常见的情形下，它是'灵魂的激情'的心理现实——即'概念'——所关涉的心理对象以外的东西"[1]。所以，人们会看到，在心理分析中，在对心理活动的了解中，人们会通过了解与对方相关联的"符号"作为象征先行了解。而在人们的谈话中，也往往会运用"符号"式的交流，而这样的交流在沟通到位的时候，确是双方都可明了的那个概念，而那个概念却可以是任何具体人"灵魂的激情"的心理现实之外的东西，而后者解释起来就比较耐人寻味了。

首先，它可以是心理活动和心理状态，可以作为心理学、哲学的分析对象，也是宗教人类学中潜意识现象研究非常重要的文献。其次，它

①〔美〕约翰·迪利著：《符号学基础》，张祖建译，中国人民大学出版社2012年版，第173页。

可以是上文所述的迪利认为的心理活动以外的，不是任何人的心理状态（超主体）的"物理的实例"（迪利）。这种情况常常表现在人们谈话的沟通中，但能沟通到如此结果的却还是极少的，多数时候属于"语言游戏"（维特根斯坦）。再次，在人们的谈话沟通之外，既超越于心理，又超越于共同意指的"物理实例"，因为"物理实例"在成为所指的同时，就成了意指符号，从而成为另外的"指号过程"（皮尔斯）——自然主义的符号始终是一种超越主体的存在，不过在主体运用象征的过程，即在"指号过程"中符号成了载体。或者是否可以说，在自然主义的符号也成了主体意指的载体时，便具有了实用性，所以符号文化也是一种从人本主义出发的文化观。

事实上，自然主义符号的客观性在人们称之为符号的时候已经成了隐性特征，在"指号过程"的任何环节（如果真如迪利的定义，这个过程是生生不息，没有开始也没有终结的），符号都已经是主体性的符号了。而迪利则认为："符号本身的存在从来都不是主体性的，它永远是超主体的；在指号过程的任何一个特定时刻，符号通过把所指跟一个代现物和一个诠释项联系起来而将意指对象化。根据上述归纳的符号与结构主义的结构图，符号总不能是非结构主义的符号，就如同结构主义也不能是非主体性的结构主义一样。——事实上，也可以是超越主客二分的"①。

再回到上述第三点中，其所描述的"指号过程"的概念是沿用了皮尔斯的，不过迪利认为，"指号过程"由于"原先的所指或意指对象依然既可以充当符号关系中的概念/表达这一关联的诠释项，也可以充当或者口头或者书面的表达，或者其观念对应物为对象——所指——的符号载体"②。由此，"指号过程"从理论上讲就是无穷无尽的，而象征也

①②〔美〕约翰·迪利著：《符号学基础》，张祖建译，中国人民大学出版社 2012 年版，第 170、174 页。

是不断增加的。然而事实上，人们需要有"指号过程"的终结——相对终结。毕竟在社会文化及日常生活中，总是需要形式上的断裂和静止的，所以这就需要处理一个问题——怎么对待和使用"所指"。

从这个角度看，中国人以"占卜"为方式将意指确定化为"所指"，也是处理"所指"问题的一种方式。"占卜"从源头上来说是一种巫术行为。如本书所言，"占卜"及此类人类活动也是由种种相关观念所引起的社会实践行为，这是人类历史上普遍存在的现象，具有多种存在意义上的实用性。"实用性思维是一个特殊的世界，人类从中能够凭借信念和行动有所作为，改变最初所见的状态。"[1]实用性思维并非无中生有和主观任性的存在，它是在思辨性理解的前提下，由其作为衡量标准而产生的……此即阿奎那所说的"思辨的智性通过延伸变为实用的"[2]。

有了"实用的"这一原则，这时候"所指"的确定性几乎是自然而然的行为，因为它有了一种规范，成了一种规范性的必然结果，所以就有了"未学易先学卜"，也就有了"擅易者不占"两种不同的选择——即使得有效力的关系变得无效力——这是对于符号的基本功能（符号的基本功能是"使无效力的关系变得有效力"[3]——迪利）的脱离。而那种规范现在也被称为"符号伦理学"，而这时候的不执着于"所指"也就非常容易了解了。

如果说到有意或无意，这就成了一个不甚精确的心理学概念。事实上，因其所谓的不"科学"性，近代的意识哲学，或者说潜意识哲学一直以来是受人诟病的。但是在弗洛伊德之后，随着人们对潜意识及人类重要性的进一步了解，潜意识心理学越来越成为人们研究心灵和意识状态，甚至于文化和人类多种学科的重要方法。以往抛开精神意识不谈的心理学研究，已经不能满足人们对于人性化和自身、世界了解的需求，那么，

①②③〔美〕约翰·迪利著：《符号学基础》，张祖建译，中国人民大学出版社2012年版，第242、242~243、280页。

深入地谈潜意识，不仅有弗洛伊德及其后的研究者，还有荣格、弗洛姆、威廉·詹姆士等等。如果说弗洛伊德的潜意识理论认为潜意识领域只是一个"大仓库"的话，荣格则将这个"大仓库"进行了整理，发现这里不仅仅有个体潜意识，更有集体潜意识。而集体潜意识不是意识能感知得到的，若想了解一丝集体潜意识存在的迹象，人们需通过某种中介、介质，然后对这种介质进行意义的解释，从而略微可知些什么。但这个"什么"始终是不可确实的，或者说确实与否是无法验证的，或者说即便实验者进行了其所认定的证实，也很难让其他局外的人相信或理解。这个局面无比尴尬。这也是研究宗教心理，甚至于研究宗教人类学最困难的一部分，也是最重要的一部分。至今为止，人们面对这一局面最好的态度无疑是威廉·詹姆士在其《宗教经验之种种》一书中所言，面对"神秘"的个人宗教体验，人们最客观理性的态度只能是这样的：（1）对于经历过个人宗教体验的人，不允许其相信或信仰是非常难的，因为几乎没有人愿意否定自己认为正确的亲历的认知；（2）对于没有经历过个人宗教神秘体验的人，不允许其批判地审视这种神秘体验是不可能的，因为毕竟其未亲历过，强制其相信或信仰也不太可能；（3）无论如何，人们应当有这样的态度，认识世界肯定会有不同的方式，不是仅有理性的认知一种。抱着这样的态度处理对于潜意识研究结果的不同看法，的确是有益的。

故此，找到一个直视集体潜意识及其理论的点，则可以更有效地对《易经》这个象征系统进行分析研究。

《易经》自始至终表达着一个简单的二分哲学——阴阳哲学，而阴阳的消长建成了易经所要表达的宇宙。阴阳本身也由符号所代替，如"--"和"—"（虚线和实线）分别表示阴和阳。其象征系统的基本符号（三线爻）共有8个，这8个符号两两相交，阴阳消长产生变化，变化出象征着宇宙生生不息的64个复合符号（六线爻），从而构成一个宇宙系统（天地人）。诚然，依据人们对阴阳的定位，如果意识和潜意识也存在于此认知系统中，那么最能代表意识的是阳，反之，代表潜意识的则为阴。除此以外，在对64卦的解释上，还掺入了中国的五行解释学，其认为宇宙由五种基本元素——金、木、水、火、土——构成。对于这五种元素，同样赋予其阴阳属性，最简单的是用黑白颜色对应阴和阳的不同特性，还有就是易中的虚线爻和实线爻的表达。由于中国朴素宇宙观的渗入和与基本哲学思想的有机联系，使得周易的8个基本卦象所衍生出的64卦象，从人们日常生活的方方面面反映着关系和意义的象征，而其意指也异常的丰富，从而成为世界最有价值的古代文献之一。

随着英语版本的引入，《周易》符号的研究在西方也比较受重视。除了汉学家以外，在西方心理学界也引起了更多关注。之前有两个英译版本比较经典，一个是林语堂的版本，这个在国内有较多关注；另一个是 Legge 的英译本，这个版本比较受西方学者的欢迎。当荣格接触到 legge 的版本后也对 *The Yi King* 进行了分析心理学的研究。荣格还谈到"事件复制"，按他的说法，这样的只存在着非因果联系的事件是可以"复制"的。

三线爻化为六线爻的六十四个卦相(符号)

第四节　仪式

杜尔凯姆认为膜拜也是一种仪式，只不过它不是简单的仪式，而是由仪式、仪典和节日等共同组成的仪式体系，这种体系在承担信徒和其信仰之间密切关系的持续性要求中应运而生，所以它的外部特征为无限的重复，有时候是有时间规律和数量规律、外部环境和其他规律的重复，总之，具有重复性和规律性的特点。

维克多·特纳对于仪式的研究比较深入，在宗教人类学界，特纳基本上就成了仪式的象征。特纳是充满了人本主义精神的人，他认为研究仪式的目的就是要研究生活在各个层面的活生生的人。在他的著作《仪式过程：结构与反结构》一书中，特纳阐述了他的关于仪式过程的"阈限"理论。

要想理解"阈限"理论，首先要了解阿诺德·范·杰内普"通过仪式"中"阈限阶段"的概念。什么是"通过仪式"？即"伴随着每一次地点、状况、社会地位，以及年龄的改变而举行的仪式"①。简单地讲它也是一种"转换仪式"，即伴随着如上各个元素的变化而发生的使人的意识发生社会角色、社会地位转换的仪式。杰内普认为这种仪式一般分为三个阶段：分离阶段、边缘阶段（亦称阈限阶段）、聚合阶段。即首先使受仪者感受到从之前的社会圈子和文化中分离，其次使受仪者进入到一种模糊了其所处社会结构和文化的意识中，再次使受仪者以一种焕然一新的状态重新进入到一种阈限清晰的社会圈子和文化中去，但却不同于之前的

---

① 〔苏格兰〕维克多·特纳著：《仪式过程：结构与反结构》，黄剑波、柳博赟译，中国人民大学出版社 2006 年版，第 94 页。

那个圈子。通过这种仪式，明确了受仪者的社会责任和社会规范，使之更加深入到社会圈子中，以完成和丰富其社会化过程。

特纳从"通过仪式"的阶段性中认识到，"阈限"阶段是仪式的核心所在，没有这个阶段，之后和之前的阶段就无法很好地达成分离，也即无法很好地"通过"转换。所以，这个仪式至关重要。对于"阈限"阶段，正因为它是模糊和意识不清的，或者说是无意识概念中的，所以具有更多的象征性。如同社会文化中多种多样的象征，这样的一些不可能清晰化的存在——之所以具有象征性，正是由其概念化的、边缘不清晰的特性所决定的。一般来说，这样的一些象征也是象征中最不可言说的，游离于主流社会边缘的——虽然阈限阶段多数有可能只是暂时状态，但却是必然出现的阶段，表达为社会现象的内容，而边缘则代表其不被主流社会所认可，不属于任何一个清晰的社会结构。在仪式中表达着相应的社会现实，表达为象征性的实体。在这个阶段，之前所有的意识，特别是社会意识都会被以种种的方式剥离，以便于重建。当然剥离的过程相当痛苦，基本上是一次精神的大洗礼。虽然整个仪式的最终目标并不是为了剥离，而是为了重建，但是在剥离的后期会有意识地带入一些新能力的意识，强调意识也只是这类仪式主要起到了加强不同和改变，并非实际的——真正在社会中达到相应的社会地位，主要是心态的改变和建构。

可见，特纳也注重结构，只不过他的结构——主要指的是社会结构，是一种由人们的社会地位高低不同而形成的结构。事实上，在广泛存在的现代社会中类似的"通过仪式"中，结构不但指由社会地位决定的结构，还包括其他类别的结构，如社会角色、社会年龄、社会心理、社会团体、性别组合、宗教团体、民族社团、种族组织等不同性质的社会结构有机体。而现代的这些社会结构中，更多的"交融"属于特纳"交融"理论中的"规范交融"——在不同的社会结构中，按照不同的规范，单纯的只是类别规范的交融。之所以说到了有机体，是因为在特纳的"结构"中还存在一种"反结构"的结构，这种结构是由他的"交融"概念所传达的。事实上，特纳的人本主义也主要表达为他的这一概念及其理论意义。所谓"交融"，是指在由社会地位所聚合的社会结构中，人们天然地会建立一种基于人本身的交往关系，这种联系与其说是一种社会联系，不如说是一种只是单纯建立于"人"这个基础上的联系，人基于类的一种温情和共融性，这就是"交融"。而这种人和人"交融"的关系对于（不同社会阶层和地位的）"结构"来说却是一种可能使其受到影响和破坏的关系和力量，所以看上去具有"反结构"的特征。当然，"交融"关系在社会结构中只是暂时性的，而不是社会交往的常态，所以，它更多的时候不是在真实的社会中表现，而是在"阈限"仪式中。在"阈限"阶段，这真正的具有宗教性的阶段，无论之前是何种社会地位，在这个时候，高的也可以低，低的也可以高，这是一个彻底的洗净人们意识和精神的阶段，或者说精神升华的阶段。而特纳"交融"论中的"自生交融"往往可在此时表现。当然特纳的"交融"论表现为三种：存在性的交融（亦称"自生交融"），由心灵自然生出的交融，单纯的事件产生的互动等等；规范的交融，具有特定社会目标的群体成员之间的交融；空想的交融，是各类以存在性交融为基础的社会政治理想的交融，或者是宗教理想的交融。①这样看来，在相应的社会现实中存在着大量的交融现象，不过这种交融现象只是人们交往关系的一种。按特纳的理论推理下来，反结构的可能性不只是"交融"所带来的，战争也可以，只不过战争究其实质来说，也可以是"交融"的某种极端形式。

在特纳看来，"在无文字社会里，社会的发展和个人的发展多少间

---

① 〔苏格兰〕维克多·特纳著：《仪式过程：结构与反结构》，黄剑波、柳博赟译，中国人民大学出版社 2006 年版，第 133 页。

杂着一些延长了的阈限时刻。这些阈限时刻是通过仪式来保护和激活的，每一个都有着潜在交融的核心。所以，在复杂社会里，社会生活的阶段性结构也间杂着数不清的'自生的交融'时刻，只是没有制度化的激活和保护"①。

总之，在无文字社会里，仪式的作用就是确保阈限时期的延长，调和社会矛盾；而在复杂社会中，则由"自生的交融"维护和调和着社会结构，保护社会功能的正常运行，当然也可能产生各种社会结构的变化。

第五节　神话与原型

心理学研究在人类学研究领域具有绝无仅有的意义，当然前者在对宗教人类学研究中也具有同样的意义，所以在后者的研究中应尽可能地保持和心理学的发展同步，这样才会沿着人们一直向往的"科学"的学科建设之路正确地前行。这样的说法是有道理的，因为心理学学科经历了由欧洲到美洲，再由后者，主要是以美国为核心的西方心理学的发展历史，在这个过程中，其研究方法和思想内容也不断地被改造和完善——从机械论到人本主义，从思辨的心理学研究到科学的心理学体系的建立，都标志着宗教人类学不应当再以科学心理学建立之前的方法和理论为基础进行探讨和建构了。

在对神话主题的分析和研究中，最自然的研究会倾向于解释语言和神话的关系，但是事实证明，"在不同地区收集到的神话显示出惊人的相似性"②。可见，这种关系不是最基本的。但可以试着推论，如果不同

---

① [苏格兰]维克多·特纳著：《仪式过程:结构与反结构》，黄剑波、柳博赟译，中国人民大学出版社 2006 年版，第 138 页。

② [法]克劳德·列维–斯特劳斯著：《结构人类学:巫术·宗教·艺术·神话》，陆晓禾、黄锡光译，文化艺术出版社 1989 年版，第 44 页。

语言和文化环境中的神话具有如此的相似性，那么是不是可以说明，神话中最具决定性的特征不是外部的，而是基于人类心理结构的本身？或者科学地说，不是人类心理结构的问题，而是人类与其所处的环境中的情感或情绪的联结（简单地说：情境）——这种联结对于人类来说是具有普遍性的——决定了神话？姑且将之作为一种理论假设，那么以后的过程就是一个证真的过程。

事实上，神话作为与宗教仪式、社会制度与结构、自然环境等的解释、表达与解构、象征等意义上的文化，有时候其定义并不是十分明确的，当它单独出现时，人们很容易将其与传说、民间故事、童话等混淆；不过如果成群地出现，它们所具有的独有特征和结构会更鲜明。说到更鲜明，其实最具代表性的是其所蕴含的人类意识和精神的心理意味更强烈。

神话在现实生活和现代生活中并不少见，最典型的是宗教典籍中描述的宗教故事，这是神话故事中被纳入某种精神体系的神话。再就是民间流传的神话故事，这样的故事有一些可以被纳入与前面一类相关的宗教或宗教性质中。有一些则依据民间信仰，或与其相关（这里所说的民间信仰也许是有较多信众的，也许是小众的），但所说的"相关"是指其更多的只是"话"本，而不是被信仰的范畴；而"依据"则是指从其信仰体系中的某些人物或背景生发出的类似"野史"性质的故事。

这都是从对神话内容的研究出发的，但宗教人类学研究是试图从神话中发现本质性东西的。或者说，应该有某种方法，可以使人们更接近这一目标，因为在之前所做的研究中，总是更倾向于思辨，而缺少实证性。

正如人类学家所喜爱的，在原始社会的研究中，人们发现那一时期的神话并不具有象征性，它所表达的是现实的内容，或者说是原始人类眼中的现实的表现。而历史性地看，神话则越来越具有象征的意味。这是社会发展对于人类心理意识进行改造的表现过程。

同时，另一个问题出现了，是继续神话呢，还是科学？显而易见，现代科学发展是事实，神话越来越不适用于描述现实世界，越来越可能只存在于潜意识的维度，即脱离或超越现实的维度。说到脱离，无非是神话与科学的边界与疆域日渐增大，而超越则意味着在现实科学基础上神话的再创意和新生，而后者目前看上去是比前者更有活力和更进步的一种神话学的发展。可以看到，后者因为与现实（科学）的结合，更可以摆脱学理上象征主义的泥潭。而前者因其不现实化，从而更具象征性，缺乏意识世界中的生命力，但反之在非意识的领域——潜意识的精神分析领域越来越具有一席之地。

事实上，对于神话的解释和认识是多种多样的。按约瑟夫·坎贝尔的说法，神话是灵魂看待自己的方式。[①]在一个科学理性盛行的时代，非理性地解读事物，已经不能被大多数人毫不犹豫地接受，而坎贝尔提出的解读神话的方式，却能够在一个这样的社会中得到人们的推崇，要么是这种方式与理性有着千丝万缕的联系，要么是理性的世界中毕竟还存在着非理性存在的裂缝——理性并非唯一的看待世界的窗口——理性尚未（并不能）完全满足人们对于自我、知识和世界的渴求。首先看第一种可能性：坎贝尔和其他例如弗洛伊德、荣格等心理学家的共同点是，他们又重新招回了理性主义中心所排斥的心理研究对于心理内容和心理元素的研究，也就是说，将所谓的"灵魂"元素招回了宗教心理学，甚至心理学研究领域。而科学心理学建立的前提则是对于思辨心理或者说心灵哲学研究的排斥。如果说这样的研究很难证实（证真或证伪），那么或

---

①〔美〕菲尔·柯西诺主编：《英雄的旅程：与神话学大师坎贝尔对话》，梁永安译，金城出版社2011年版，第5页。原文内容："他相信，透过重新诠释神话中的一些本初性的意象——如'英雄''死亡与复活''童女成孕''应许之地'等——将可以揭露人类心灵的共同根源，甚至可以让我们明白，灵魂是怎样看待自己的。"

许很容易再次被划入不"科学"的那一栏中去。但是这样的说法是不当的，如果在理性主义盛行的时代，如此不"科学"的理论还能深得人心，那么在某种意义上已经是其"科学"的论证了，不是吗？即其能与科学理性的认知并行，共同构成人们心理需求的重要成分，在这个意义上，它是客观的被需要的，是符合某种客观规律的，是"科学"的。或许人们亦可称之为与理性密切相关的认知方式。与此同时，也可以说明，理性毕竟还不是唯一绝对能满足人们的认知方式，在理性的世界中还有空白，那是一个未知的领域。说"未知"，只是对于理性认知的局限性来讲。

　　这样就消除了对坎贝尔式解读的方法疑惑，当可进入其解读的具体内容之中。对坎贝尔来说，"他相信，透过重新诠释神话中的一些本初性的意象——如'英雄''死亡与复活''童女成孕''应许之地'等——将可以揭露人类心灵的共同根源，甚至可以让我们明白，灵魂是怎样看待自己的"①。对于心理元素的重新考察，或者说对于心理元素深层次的认知，是坎贝尔式分析神话所必不可少的——不是研究方式上的退行，而是螺旋上升式的整体研究。其实在这里，显然离不开精神分析，特别是分析心理学对于原型的看法——当然这是早在心灵哲学时期就有哲学家们提出的理念——在柏拉图那里，在巴门尼德和普罗提诺那里都有萌芽，只不过提到的方式不同，角度不同。

　　神话具有相似性，这是众所周知的。神话角色象征多样，但所表达的观念却有异曲同工之效。有人认为神话其实是表达了习俗，或者说是"习俗在意识形态上的投射"，或以仪式来自我表达。事实上，这二者的关系并不能简单地如此来说清楚。按照斯特劳斯的观点，二者之间之所以可能有投射性的相似且看上去相互可能转化，是因为它们背后都有着

---

　　①〔美〕菲尔·柯西诺主编：《英雄的旅程：与神话学大师坎贝尔对话》，梁永安译，金城出版社 2010 年版，第 5 页。

"结构"。而荣格则认为，神话具有某种"心理意指"，是原始人经由无意识对于自然界的认识，并且其外在的语言和形式都是无意识的"外化"，"比如冬夏季节的交替、月亮的阴晴圆缺、雨季的来临等，在任何意义上都绝非这些客观事件的寓言（'寓言是对意识内容的一种释义，而象征则是对其内容尚不为人知、其本质仅能由人推测的无意识内容的最佳表达'）；相反，它们是心理的、内在的、无意识的冲突事件的象征表达"①，当然其时的人并没有意识到他们的意识直接表达的就是无意识，因为他们的心理只是"投射"。不仅如此，他还认为"他们的无意识心理有一种无法抗拒的欲求——把一切外在的感官体验同化为内在的心理事件"②。看上去，相较荣格对这一现象的解释，斯特劳斯的"结构"说在这里就略显粗糙了。当然这和他更多地看到了现代人无意识和意识巨大差异的同时却又有投射性相似的特点有关，因为"符号象征"已经日益贫乏了（荣格）。而荣格的研究着眼于原始人思维的意识和无意识内外相对统一的特点上，故而评述就会不同。从中我们可以看出：语言表达的本身并未变化，变化的是语言表达的象征体系，如果象征符号的整个体系都发生了变化，那么看上去便就既具相似性又不具相似性了。有时候，顺序的变换使之成为完全对立或者性质截然不同的现象，这种情况通常被称为"置换"或"转化"，归根结底就是其结构中的"等价性"起到了决定性作用。于是另外一个结果就是，在神话、习俗和原型中，越来越多地出现了"二分"状况，即越来越多的两极化的概念和形象出现，一般都具有其界限，一旦有事物出现在不该出现的地方或具有不该具有的功能等等，便会被边缘化及"异化"，当然这都要借助文字、仪式等及其象征所形成的情境来实现；而且一种现象表达的也并非仅仅是某种象征体系，

①②〔瑞士〕卡尔·古斯塔夫·荣格著：《荣格文集·第五卷·原型与集体无意识》，徐德林译，国际文化出版公司 2011 年版，第 7~8、7 页。

或者说一种符号系统可以表达多种意义文化，所以只有一种形式分析是远远不够的。真正的人类学研究还是离不开历史发展的支持，这也是人类学现象真正的意义所在。

第六节　萨满的宗教实践

萨满是更多普遍存在于北半球的宗教。关于萨满宗教活动、仪式的描述和分析多种多样，但最令人有兴趣的还是罗德尼·尼达姆注意到敲打和晃动形式在这种宗教实践中屡屡出现的现象。由此人们不得不考虑，是不是这样的活动形式有利于人们和其信仰的精神世界交往呢？

先要了解一下萨满教所信仰的精神世界是个什么模样。在萨满教的宇宙图式中，诸天代表着不同的层面，这个不同层面数量极多，这样多重天上也居住着各种各样的精灵，他们相信这是一个精灵存在着的世界。这个世界可以分为上中下三界，它们的世界之轴类似树形，也叫作"世界轴"，从这个"世界轴"上衍生出了上中下三个世界，后者就好像是树上生出的枝杈，它们分别是：上界——神灵的居住地（神灵是永生的），这层天本身也不只是一层，又由许多层的上界构成；中界——人类和其他动物的居住地，最后必然一死；下界——死魂灵与魔鬼的居所，是中界的人和动物死后所在。事实上，在绝大多数信仰萨满教的人中，他们都相信这三重天各自又由多重层面组成，甚至在人界中也存在着人与不同动物等级差别的存在层面。可见，在萨满的宇宙观里隐含着天界是同源一体的（从同一"树轴"上衍生出的不同位置的枝杈），当然它们之间的立场倒不一定是一致的，甚至有个别民族认为上、中、下三界还是相互敌对的。对于宗教来讲，"三"显然是一个特别的数字，甚至以"三"为基数的数都是受到重视的。当然还有一些与重要的自然现象有关系的其他数字。可以说，在萨满教的宇宙观中，各种重要的数字以观念的形式遍布方方面面。

我们可以设想，敲鼓的声音首先可以起到一个记数的作用，让人们在出神或神迷的意识状态中还能有一丝丝震动作用。而且，在关于萨满教的报告、资料和视频中，萨满不但要在"入神"的过程中敲鼓、念唱，而且还有各种形式的身体晃动——一般以头部为中心的晃动。那么，这些活动是萨满的宗教实践活动所独有的吗？它们有何功能？尼达姆经过调查发现，这并不只是萨满教独有，而是普遍存在于民间"降神会"的仪式表演中的一种超自然观念的实践。那么尼达姆假定，鼓声——作为一种可以发出声音的乐器，还是一种可能对人的审美和肉体上产生影响的声音，或者会对身体，甚至人的意识产生某种作用，从而使人们精神上产生欣赏等类的感情。尼达姆将它称为"由听觉产生的情绪的基础"①。而且敲打，或打击类的声音是最容易制造出且能与环境发生共振的外部声音。正如前文所述，这种声音的运用之广——不但在萨满教中广泛使用，而且在其他诸如各种社会仪式、宗教仪式等中都会被使用，也即往往在"通过仪式"中使用，或者说，尼达姆认为，在敲打和过渡之间有一个有意义的联系。②这是一个什么样的联系呢？是从一个范畴过渡到另一个范畴的标志。一般来说，这样的标志会由三类事物充当：（1）有区别性的声音，包括特殊的词汇；（2）特殊的服装、装饰或面具——或者可选择地除去一切这种外观上的区别；（3）场所的变换。③可见，这是一种新的象征。事实上，这是一种代表新的"结构"的象征物。

除上所述，萨满教中还令人注目的就是他们的唱念过程与唱念的咒语。一般来讲，唱咒既有叙述，又有表演，也有过渡，总的来讲，除了

①②③史宗主编：《20 世纪西方宗教人类学文选》，金泽、宋立道、徐大建译，生活·读书·新知上海三联书店 1995 年版，第 679、680、681 页。

打节奏的，萨满本身会通过不同念咒的环节和角色，将与其所需之精灵尽数沟通，以使其作为自己的助手或保护者，进行施术活动。施术结束并成功后，萨满会再行念咒，将襄助之精灵一一送回到它们来的地方，在咒词中表达使之与被施术者不产生直接联系的意思。萨满在这个过程中往往会吸食香烟、饮酒等，这有两个作用：（1）在萨满教观念中，这似乎和"增强"力量有关；（2）在心理学研究中，可以使意识的控制力减弱，从而易于萨满进入潜意识状态。

萨满的才能被认为是天生的，人们相信他们具有"阴阳眼"，认为他们在降神之前或之后既可看到人的世界，也可以看到精灵的世界，最主要的是认为他们可以看到人们灵魂的病症。而后者也可以在唱咒的过程中加以表达。

通常在唱念的咒词文本中，人性贯穿了每一个事物。说人性是因其皆表现为生命体，且可能表现为具有人的情感，甚至萨满看到的灵魂的病症本身也都表现为各自不同的生命体。通过萨满的念唱文本所咒，生命和对抗生命的物质，"好"的物质和"不好"的物质，帮助自己的和不帮助自己的……都在某种程度上角力，当最终在萨满本人或在其精灵们的协助下告解、劝说、利诱、施压、战斗等后，会以不同方式将人们矛盾的、出问题的、有压力的、求助的事情一一解决（一般是平衡了方方面面的力量和关系或以正胜邪、以正压邪），整个故事就基本结束了。当然在这个过程中，如果需要，也会使被施术者积极配合萨满的活动。看上去，这显然是一个典型的近代叙事的心理文本，其文本的最大特点是：（1）极其详细；（2）多次重复。一般来说，对一个观察对象，描述得越详细，作者和读者对其的印象就越深刻，而那个描述的情景就越逼真地建立在精神世界中——似乎真实地被体验到了。或者说，在心理学上，暗示也遵循着同样的原则——尽可能详尽地描述情境。这样被施术者会产生一个印象，有时候是施术时唯一的印象——自己成了这个文本中的一个角色，是其中的一员，因为如此的身临其境。而这个如自己真正地在那个情境中的感觉是咒文最需要达到的效果，只有这个目标实现了，唱咒后面的步骤才可顺利实施并成功。当一切都是观念系统中的一员（包括被施咒者）的时候，再加上萨满通过念咒的文本给予被施咒者极大的自信或积极的信息（也被称为"力量"）的时候，所有被其觉得不属于自身和自身世界的东西就会很容易地被隔绝和压制了。因为通过拟人化的充满生命力的详尽描述和对于实用性的关键部分的多次重复，萨满已经将咒语的对象深深地带入到了一种潜意识的深层，一切的这个念咒文本中的有序和无序统统在此时最大限度地显现出来，并逐渐趋于平衡、和谐和安定。一切都在一种情境之中，只有潜意识所能达的情境之中，而这种情境是通过萨满的唱念和咒语实现。当然还可用鼓声（对于仪礼过程，或者说叙事不同阶段的——引入潜意识不同层次的）转换进行标记。

如上都使人们看到了"象征性结构"的存在——象征出现，不断出现，并且这些象征还是结构的标志，所以是"象征性结构"。其实这又是"阈限"文化，也是"阈限"结构（还是要用"结构"这个概念，因为这样才能有表达"阈限"的界限，否则即使是"阈限"的概念，也很难于理解）的特征。象征繁多，且正因其繁多，才能使人消解各种社会结构带来的压力，才能使人处于一种放松、发泄、坦露的心理状态，从而达到自身压力的化解和潜力的释放。这个结构并非单纯的结构，而是与结构本身对应的，即在咒文结构与被咒者统一到情境之中后，这个对应于其结构的结构就出现了。为什么这么讲呢？因为"象征性"结构的关系，象征的意指在结构建成之后就固化成了所指，宏观会对应于广大的宇宙结构，微观会对应于被咒的身体结构，也可以是被咒所处的世界位置（社会结构），而这都是潜意识（无意识）的功劳。

总之，"无意识可归纳为一个功能——象征的功能，此功能无疑特别是人类的[①]，并且将按照一视同仁的规律运行，并真实地与这些规律的'聚集体'（结构）相一致"[②]。

第七节　宗教经验与心理

事实上，研究宗教人类学，我们不得不首先提到宗教心理学的研究。如果研究人类的心理是研究人类学的重要组成部分，那么研究宗教心理则是研究宗教人类学的重要部分。心理对于人类的重要性不言而喻。宗教心理学领域有一些重要的代表人物，如弗洛伊德、荣格、威廉·詹姆士、弗洛姆、马斯洛、拉康、阿德勒等都是在这里需要详细讲述的，而其中弗洛伊德、荣格和威廉·詹姆士则是最具奠基性意义的三位。

一、从精神分析到新精神分析的宗教心理

1.弗洛伊德：精神分析学派

弗洛伊德，近代心理学中精神分析学派的创始人，他的一些心理学理论对于宗教心理领域具有十分重要的意义。由其始，人们开始了解到，人的意识除了显性意识，还存在着隐性意识，也就是潜意识部分；而宗教活动中的仪式和象征都是可以用心理学理论来解释的，他的解释有些直到现在还被人们讨论并应用。

弗洛伊德谈论最多的就是关于图腾与禁忌的分析。据他说，一些原始民族的禁忌是具有智慧性的，因为有些会指向禁酒、禁欲和名利的自

---

①这个"人类的"，正极其精当地表达了宗教文化的人本主义——作为社会人的天性、权利和责任的现实。

②史宗主编：《20世纪西方宗教人类学文选》，金泽、宋立道、徐大建译，生活·读书·新知上海三联书店1995年版，第703页。

制力方面，但并非都是如此，还有一些禁食动物的禁忌就比较令人费解，而且看上去整体内容"就像是一种纯粹的庆祝或宗教仪式"①。他还发现，有许多人会为自己设立多种多样的诸如此类的禁忌，这些禁忌被其异常严格地遵守，他建议这种情况应当给以一个名词——禁忌病②（或者在心理学上称之为"强迫性神经症"）。事实上，禁忌当然是外来的约束，是对行为的规范，而强迫症则是已经内化了的禁忌行为。二者虽然不同，但相似之处也很明显：第一，缺少动机，似乎它们"具有一种内在的本质，一种道德上的信念，即任何触犯都将导致令人无法忍受的灾祸"③。再加上还"有些禁忌却令人难以理解，它们几乎是被视为无意义和愚蠢的，后者我们称之为'仪式性'禁忌"④。总之，弗洛伊德通过对比，认为二者的相同之处都是缺乏动机的禁忌。第二，它们都由一种内在的"需要"所维持。第三，它们很容易替换，而且都有一种可经由遭禁忌的物体而传染的危机。第四，它们责令人们作出一种等于或类似于仪式的行为。⑤据此，他推测禁忌有与强迫性神经症相类似的心理成因并提出这样的假设：在远古时期，外来权威强制原始群体接受某些基于强烈意愿的活动，并将其作为习俗一代代地流传下来，继而被组织化，成为一种心理上可以遗传的特性。因此，最后人们形成了一种强烈的心理冲突：在潜意识里，他们想打破禁忌但又害怕，不过恐惧战胜了好奇。最符合这一假设的重要禁忌是：（1）禁止杀害图腾动物；（2）禁止与相同图腾氏族的异性发生性关系。⑥

弗洛伊德为此提出了俄狄浦斯情结（男孩对于父母亲的态度：男孩在生命早期四岁至六七岁时，会一度认为父亲是和他争夺母亲欢心的竞争者，所以对父亲产生讨厌或者恐惧的情感）理论，从心理学上解释部

---

①②③④⑤⑥〔奥〕弗洛伊德著：《图腾与禁忌》，文良文化译，中央编译出版社2015年版，第23、29、30、30、31、35页。

落图腾的禁忌，从而提出了上帝是父亲形象投射于心理的宗教理论。由于男孩对待父母的这种态度，可能会转移到一些动物身上发生替代性补偿的情况，弗洛伊德称之为儿童的"图腾崇拜的结构"。之所以弗洛伊德会将其与图腾崇拜相联系，是因为"小孩对图腾动物的完全认同和对它产生两种矛盾的情感"①和原始民族对于图腾动物态度的相似之处。他们认为图腾是父亲的替代物，而"图腾崇拜的两个主要制度，也是由两个禁忌所构成——禁忌屠杀图腾和禁忌与自己图腾的妇女发生性关系——正好和俄狄浦斯的两个罪恶有着相似的地方（他杀害了父亲而与母亲结婚）"②。

"他借用了达尔文关于早期历史的猜测，即认为许多世代以来，原始人'群'是由单个强有力的男性来统领的，这个统领喜欢所有的女性，并为此赶走或杀死了其他男性，包括他的儿子们。于是，兄弟们联合起来反抗，杀死并吃掉了父亲，占有了那些妇女。这导致了一种强烈的罪恶感，并且可能导致社会组织的崩溃；其结果是杀死图腾动物的禁忌出现——图腾动物曾是这个部落的象征，现在则象征着父亲，后来变成上帝……图腾动物和上帝这两者都象征着父亲。"③

2. 弗洛姆：马克思主义和精神分析——另类的结构主义精神分析

弗洛姆作为人本主义哲学家和精神分析心理学家，他和阿尔都塞在将马克思主义与精神分析结合方面有一定的创新，但二者并不在结构主义方向上有更多的交汇。

弗洛姆的著作《超越幻想的锁链》鲜明地表达了他在这个学术方向上的努力。他指出，自己建构这样的学术理论的前提是，他相信马克思主义

---

①②〔奥〕弗洛伊德著：《图腾与禁忌》，文良文化译，中央编译出版社 2015 年版，第142 页。

③〔英〕麦克·阿盖尔著：《宗教心理学导论》，陈彪译，中国人民大学出版社 2005 年版，第107 页。

和弗洛伊德只是从不同的角度去阐述人类社会的发展史，因为二者都认为人的意识背后存在着人们所不知的力量，后者决定着人们的所思、所想、所为和人的命运；但人们并不知道，所以为之解释和粉饰。这样的由外力决定并为之服务的生活，决定了人们的意志和命运的不自由，直到人们认识到这些，并在一定程度上能够不受盲目力量的驱使，才能获得真正的自由，二者的不同之处只是对于社会这种无意识的看法不同。马克思认为的人的意识是历史的、现实的，归根结底是由人生活在其中的社会结构、生产方式、分配和消费方式决定的；弗洛伊德则将人的这种意识看作是生理学和生物的——由力比多和生死的本能决定的。

事实上，在弗洛姆看来，二者的观点没有根本上的分歧，因为对于人的关怀、对于人性自由的追求、对于人和其生活环境的相互改造，马克思和弗洛伊德是一致的。不同的是，马克思概念中的人的意识在社会生活领域，不但有基于对外部环境的实践性的意识和由此产生的无意识，同时也伴随着生理的和生物的意识和相应的无意识。这两个方面是不矛盾的，所以二者在根本原则不相抵触的前提下，理论是可以互补并为人们认识和改造世界提供更为有力的工具，从而具有新的世界观和方法论。

于是，在上述思想的基础上，弗洛姆建立了"社会无意识"①概念并阐述了社会无意识对于人的意识独特的建构过程。他认为很多有意识的知觉形式都是可以归属于因果范畴的，但也有一些知觉形式不属于因果范畴（这和荣格的看法类似），而且后者也不具有普遍性。正因为如此，

---

① "荣格所说的'集体无意识'与我们这里所讲的'社会无意识'之间的区别在于：'集体无意识'直接指普遍的精神，其中绝大部分是不能成为意识的。社会的无意识这个概念是与压抑的社会性格这个概念一起提出的，它意指人的经验的某个特定部分，一个给定的社会是不允许达到对这个部分的认识的；社会使之与人疏远的也正是人性的这一部分；社会的无意识即是普遍精神受到社会的压抑的那一部分。"〔美〕埃里希·弗洛姆著，黄颂杰主编：《弗洛姆著作精选——人性·社会·拯救》，上海人民出版社1989年版，第457页。

变化是其最主要的形式。因为不同社会时期的不同社会文化，会构成人们不同的社会经验，而社会经验及其概念则是人们意识最大的来源。也即，"每一个社会，通过自己的生活实践和联系的方式，通过感情和知觉的方式，发展了一个决定意识形式的体系或范畴。确切地说，这种体系的作用就像一个受社会制约的过滤器：除非经验能进入这个过滤器，否则经验就不能成为意识"①。在人们看来，显然有一些经验是不容易通过这个"过滤器"的，特别是一些被社会主流文化所注意到的与个人和团体生存联系相隔较远的经验，和一些微妙的，不易于用语言文字表达的经验等等。当然，精神分析学可以用符号来表达这一类经验。可见，符号或者象形的表达同样是一种科学的表达（这里的"科学"即可以较正确表达经验的方式），那么像诗歌、音乐、图画、神话、故事类的艺术和语言都可以是"科学"的，在正确表达经验这一点上是"科学的"。当然当代心理学帮助人们发现越来越多可以较好表达语言不能表达的经验形式。但是，语言是最多和最常见的"过滤器"，它可以通过其结构所凝结的精神来决定进入我们意识的经验。

除了语言，还有"逻辑"可以成为"过滤器"过滤经验的另一方面。第三个方面是社会禁忌，即凡是社会不允许的、不合适的、被禁止的、危险的，都很难被允许达到意识的层次。②

至此，人们可以看到，完善表达的语言结构、合情合理的逻辑思考系统、特定社会的和谐管理及文化都会使人们的意识日臻丰富和强大，也就是一般所说的心理健康的良好发展。反之，必然产生各种各样的对于正常感知觉意识的压抑，从而那种被异化的感觉（意识和无意识的矛盾）会威胁到社会的正常秩序。因为"无意识是一个完整的人——减去

①②〔美〕埃里希·弗洛姆著，黄颂杰主编：《弗洛姆著作精选——人性·社会·拯救》，上海人民出版社1989年版，第458、458~463页。

他与社会相一致的那部分"①。

3. 拉康：新精神分析的宗教心理

拉康认为，结构是经验的基础。他讨论了因果关系，没有避开人的主观能动性，且将之放在首要因素上，认为因果及次序的变换和冲突的原因在于主体。显而易见，单个的主体并非现象杂多的决定因素，所以这个主体应是人类作为主体的整体。在这一点上，他是基于对弗洛伊德的深刻理解提出来的。因为谈到了主观，必然离不开对于"我"的认识，而在拉康的这个过程中起作用的却并非弗洛伊德的"自我"，而是他的"本我"和"自我"，甚至"超我"综合的"操作性概念"。

作为新精神分析学派的拉康，继承了弗洛伊德的理论基础，亦对其进行了改造。他的理论中最引人注目的是"镜像理论"，这个理论中最重要的概念是"自我"。这个"自我"既不同于弗洛伊德的"自我"概念，也不同于其"本我"或"超我"。因为拉康的"自我"并不是主体对于自身的直接认识，而是主体所看到的他人对主体的映像又投射到主体眼中而形成的，他人对主体的映像则由主体无意识的自我投射到他人眼中而形成。这就是拉康所说的"镜像"过程。可见，拉康"镜像"形成的过程中，主体的无意识固然很重要，但是形像（身体和精神—心理状态）同样重要。总体来说，自我的无意识与他者的联系，再与自我无意识的联系，最终形成和"唤醒"了主体的意识，这个意识首先是对于"自我"的意识。很多人认为，身体在这其中起到了非常重要的作用，这一点似乎不能否认，因为身体的存在和反映，刺激了意识的反应，但是却不能忽视"他者"在这个过程中作为存在的意义。更进一步说，是"他者"的意识在其中起了至关重要的作用。这样还可以进一步得出结

①〔美〕埃里希·弗洛姆著，黄颂杰主编：《弗洛姆著作精选——人性·社会·拯救》，上海人民出版社1989年版，第470页。

论：在"他者"意识到的同时，"自我"也意识到了，这个过程是同步的，并不存在时间上的先后；甚至我们可以说，如果"镜像"过程中未产生或不产生"意识"，那么永远也不可能产生"自我"的概念，所以，"他者"的意识同样也可以是"自我"的意识。同样，在这个意义上，他们（"意识"）是同时产生的。既然是等同的，就无所谓"他者"决定"自我"，而只是"一"与"多"的关系和联系。当然，这属于哲学人类学或是哲学心理（灵）学的范畴了。

拉康的思维并非如此，因为他的"自我"概念不同于弗洛伊德的"自我"概念，且看上去似乎取决于"他者"（其实在这里，拉康和很多人将主体——只是主体的个体意象化了，其实这个主体可以是所谓"他者"中的任何一个，但他们将其固化了——在意识中将其规定化了，除此之外，其实都谓"他者"了，所以后者就成了"环境"，成了决定性因素）。为了解释这一点，拉康使用了精神分析学派的俄狄浦斯情结理论来立论，认为"他者"作为环境的影响，其实是一种大众情结的集体影响。

事实上，拉康理论自始至终在弥补弗洛伊德理论的一个重大矛盾。在早期弗洛伊德看来，人的意识分为意识（显意识）和无意识（潜意识），即人的自我（主观精神）是由两部分构成的。但他后期又认为人的精神（自我）由三部分构成，即本我、自我和超我。如果说前期的思想包容了人的理性和非理性的所有因素，则后期思想明显将身体机能，包括与身体相关联的生理和心理机能看作了自我存在状态的指标。同样，这个时期的弗洛伊德已经具有很深的社会化程度，简而言之，他对于自我概念的认知基本上成了一种主流的思维方式——理性主义的认知，对于人与社会的关系概念也是一个全方位的反应。之前他提出的"无意识"在这个时候，基本上被排挤出了"成人的世界"。但是以理性主义为主流的西方哲学发展历史告诉我们，总是有理性无法解释的问题，总是有不被理性所反映的事实，并非所有的实在都可以在如弗洛伊德的理论中完满地被解释。既然看到了这一点，他就可以在其理论中试图进行弥补和重建。可以说，他提出的"回到弗洛伊德"去，其实是在这一目标的推动下，根据自己对于心理学的认识，重构精神分析学派，所以也被称为新精神分析学。

拉康认为，文字（语言）是无意识的动因。这个文字是他人的文字，他人的语言，而他人是客体，是主体越过的那个从认识到自身的客体，它"既是使主体隐蔽的欲望的原因，也是将主体维系在真理与知识之间的力量"①。他所采用的方法，是在结构主义逻辑下的语言结构的分析方法，故而也被称为结构主义精神分析学。

正因他的哲学是对之前理性主义居于控制地位的意识的一种变化和革新，所以他所使用的方法及理论在阿尔都塞这里，无疑是一剂好用的"良药"。但是拉康毋庸置疑地又具有浓厚的文化性，因为在他的理论中，自我总是主体表达自己的可能性，而自我又须在与他人的关系中才能被认识。"这种情感交流对社会集团是必不可少的。它在以下事实中相当直接地表现出来：人剥削他的同类；人在他的同类身上认出自己，人以一种不可磨灭的心理联系关联在他的同类身上。这种心理联系延续着他的幼年的确实是特定的苦难。"②说到底，拉康的"自我"是主体试图与他人、与世界进行接触的出口，而这种接触无不是以语言的结构表达的，所以，人们认为拉康的主体是"人文世界里的文化性的存在"。

文化离不开语言和言语，"精神分析在无意识中发现的是在言语之外的语言的整个结构"③。语言和言语的作用不同。如果说主体之间的关系，或者说文化是受语言驱动的，不如说文化是受言语驱动的。纵然如此，无论是语言或是依赖于语言结构的言语，同样是历史都相同的那一

①②③〔法〕拉康著：《20世纪思想家文库·拉康选集》，褚孝泉译，上海三联书店2001年版，导言第3页，正文第82、425页。

种语言。斯大林曾经说过，语言不是一种上层建筑（拉康），但是语言作为学科学说研究的对象，在拉康眼里其能指和所指却是具有拉康意义上的价值——语言的所指可以满足概念意义上人类的一切需要，而能指是具有动物性的，能指才能揭示意义，而其中任何一个点的停留都不能是此意义的表达。因此，为了实现能指的意义，所指可以是不断变化的。而表现在实践中，表面现象看上去似乎是：在能指的驱动下，所指不断变动。能指连环在拉康的解释论中是非常重要的概念，而在能指和所指的关系中，拉康引入了隐喻和换喻的概念。简单地讲，换喻就是能指构成意义中的表达能指语言的任何一词的互代，这些有联系的词组成群，每一个都可以是其他的替代，并不影响整体意义，且具体化了所指。而隐喻，基本是一个能指取代了另一个能指及其在连环中的位置，但被取代的那个能指也依然显现，但并不具体化所指，而是使之模糊化，似有若无，按拉康的术语即为"隐喻恰恰处于无意义中产生意义的那一点上"[1]。可见，隐喻所内含的被社会所压抑的恰恰是弗洛伊德发现的无意识（弗洛伊德意义上的无意识），隐喻的形式也恰是投射了那种隐隐的"禁忌"及被驯化。而这一点，换喻也可起到类似的作用，以之接受社会禁忌文化——相信这也是阿尔都塞很乐于发现的，也是他的阅读"症候"法的灵感源之一。要从语言的空白、沉默、矛盾之处读出其背后蕴含的意义，所以对于马克思的文本也需要发现其无意识想要表达的意义。对如上的分析，拉康很自然地得出了他自己的结论：文字产生了心智，而心智反作用于文字。因为"无意识不是初始的，也不是本能的，它所知道的基本的东西只是能指的基本单位"[2]。这一发现的起源是弗洛伊德对于无意识的发现。

---

①②〔法〕拉康著：《20世纪思想家文库·拉康选集》，褚孝泉译，上海三联书店2001年版，第439、454页。

二、集体潜（无）意识的宗教心理

主流学界对于荣格的态度，历来是"又爱又恨"，"爱"是因为其对于分析心理学的奠基和贡献，"恨"是诟病其"非科学性"的学术理论。事实上，真正的社会科学与自然科学的内容和性质不同，自然判断是否科学的依据也不同，或者与其对于前者判断是否"科学"不如判断其是否具有"意义"会显得更"科学"。

不过，约瑟夫·洛克莱克本人倾向于荣格是"辩证法家"和"目的论者"。

荣格是弗洛伊德的学生，他继承并发展了弗洛伊德的无意识理论，创立了分析心理学流派。在他看来，所谓的"分析"就是指在考虑意识的同时要将无意识同时存在考虑进去的心理过程。那么，什么是无意识呢？他所指的无意识和弗洛伊德的无意识还是有很大差别的。在他看来，弗洛伊德的无意识"在本质上也不过是被遗忘及受压抑的内容的聚集地而已，它仅仅是因为这些才具有某种功能意义……因此，对弗洛伊德而言……无意识俨然是个人性的"①。对于弗洛伊德的这种个人性的无意识，荣格认为它只是浅层的无意识，在每个人的无意识中它都具有个人特色，而荣格把弗洛伊德意义上的这种无意识看成是个人无意识，只是荣格的无意识概念中的表层表现。在荣格看来，个人无意识还有一个更深的层次，"这个层次既非源自个人经验，也非个人后天习得，而是与生俱来的"②。这就是荣格称为的"集体无意识"（也称为集体潜意识）。

之所以名之为"集体"，荣格解释说，因为这部分无意识不是个人的，它具有普遍性，以大体相同的内容和行为模式存在于每个人的无意

---

①②〔瑞士〕卡尔·古斯塔夫·荣格著：《荣格文集·第五卷·原型与集体无意识》，徐德林译，国际文化出版公司 2011 年版，第 5 页。

识之中，基本上没有机会成为意识的部分，而属于个人潜意识（无意识）层面的东西还可能在某些时刻冲破"藩篱"成为显性的意识（存在于意识范畴）。

所以，他认为原始人感觉到的"灵魂"可能受到的危险，其实是无意识引发的可能对于意识产生分裂压抑等的影响。这种情况在现代的人类中依然不变地存在着。因为在他看来，意识和无意识的关系始终是无意识决定意识，而在意识产生之后，它则与意识并行，在受到压抑的时候，就会强力反弹，也即反控制意识。可见，无意识与意识是相互补偿的关系。"同样经常发生的是，无意识动机支配着我们的意识决定，尤其是在至关重要的事情上。"①事实上，只谈到记忆，就是深受无意识影响的，而且记忆有时候会自发地联想（这是人的思维本来具有的特点），因此，荣格认为意识如果是以记忆为基础的，那么意识就是由无意识决定的。

在他看来，除了记忆受无意识影响至深，"直觉"也是由无意识决定的，"直觉"是"经由无意识的知觉"②。

关于人的无意识，荣格还认为，"每个男人的无意识中潜伏着一个女性人格，而在每个女人的无意识中则潜伏着一个男性人格"③。根据意识和无意识的补偿原则，如果说男性的意识较女性更加男性化，那么与之相补偿的无意识则正好相反，所以，男性无意识具有女性人格（荣格称之为"阿尼玛"），而女性的无意识人格（"阿尼姆斯"）则相反。荣格认为，一旦人的意识出现病态，一些无意识的形象就会自发地跑到人的意识里来，即无意识会自发地将一些情感人格化为具象而显现为意识，这不但产生病人，也产生一些能够表达此种类似意象的梦或艺术形式等。

---

①②③〔瑞士〕卡尔·古斯塔夫·荣格著：《荣格文集·第五卷·原型与集体无意识》，徐德林译，国际文化出版公司 2011 年版，第 224、224、225 页。

按荣格的说法，这些意象和诗歌、神话和宗教故事等都有显而易见的联系。故此，我们看到，如果以意识的语言和逻辑与无意识沟通，应该是比较困难的，因为无意识似乎是用完全不同的"语言"来表达自身。所以，在实际调整无意识和意识和谐关系的过程中，往往更多的是运用无意识可以接受的方式，比如说象征——这在宗教及其仪式中可以见到。

荣格对于象征的代表——曼荼罗有非常详细的说明。曼荼罗——mandala——是梵语"圆圈"的意思，是指人们在宗教节日中所画的圆圈。在藏传佛教中，曼荼罗被认为表达最盛的意义。①

事实上，在宗教中，曼荼罗的形式会有各种各样的变形，但这些变形的图案总会有一些共同的特点，或说构图（结构）原则，让人们可以从众多图形中分辨出它们的同类来。虽然它的原形是圆，但实际上它可以被描绘为方形、长方形、五角形、六角形等等，不一而足。这些外部的形状有一个共同的特点：基本对称——或上下对称，或左右对称，更多的是上下左右都对称。这一般代表着实现了最终宗教意义上圆满的心理状态，即心的最大自在状态，静定的极致，而后者的证明就是在曼荼罗中"表征了微观世界与宏观世界及其对立面之间的差异"②。这一表现其实是人作为整体的意识和潜意识关系对于世界的投射，说明了在曼荼罗中，任何的对立，同时也是统一，而曼荼罗总是通过自己的各种变形来表达这个原则，最终这成了荣格意义上的人格的终极原型——自性。

研究荣格的集体潜意识就不能避免对他的"原型"理论的探讨。他认为，由于从冯特以来致力于经验领域的心理学一直未足够强大，所以到了弗洛伊德的时候，心理学似乎只成了一种"关于本能的生理学的一个分支"③。但是人们应该在"作为一个整体的人类精神框架内理解精神

①②③〔瑞士〕卡尔·古斯塔夫·荣格著:《荣格文集·第五卷·原型与集体无意识》,徐德林译,国际文化出版公司 2011 年版,第 294、1、47 页。

的本质……每门科学在它不能继续通过实验发展下去的地方都是描述性的，而且没有因此便停止具有科学性"①。由于心理学现象和化学现象本质的不同，且"有一种心理生活并不受制于我们意志的变幻莫测"②——这种变幻莫测并不属于意识（主观精神）里的任何心理，而是"意识及其内容的先验性限定因素……它们作为原始意象的特性，我称它们为原型"③。原型常常以原始部落文化、神话、童话等的形象出现，不过在原始部落文化中的原型是已经被某种特殊方式改造过的原型，表现为一种"意识法则"；而在神话和童话中被表达的原型，是以一种个体化、幼稚化和隐晦④的具象出现的。

那么，都有哪些原型呢？他提出的原型有这么一些——如前所述的，男性身体中的女性人格——阿尼玛，女性身体中的男性人格——阿尼姆斯，还有自性（智慧老人）、阴影等等。这些原型中最重要和最有价值的是"自性"原型，荣格认为它是超越意识的整体。在他的宗教思想中，"人们应该臣服于这些永恒的形象，这是完全正常的；事实上，这才是这些形象的作用所在……它们被建构自具有启示性的原始材料……由于人类精神的数世纪劳作，这些形象已根植于一个包罗万象的、铭写世界秩序的思想体系之中，并同时为教会这个强大的、广布的、古老的机构所代表"⑤。可以说，荣格的一些理论有其分析心理学的意义，但是当他"神秘化"他的"原型"和集体潜意识的时候，这些意义便开始为人所诟病了。

抛开如上的问题，荣格对于中国宗教文化的研究基本上也是从他的潜意识和集体潜意识理论出发的。荣格与弗洛伊德的渊源，决定了他从弗洛伊德那里对于潜意识概念的承继，但他同样对此有重大发展，这个

---

①②③④⑤〔瑞士〕卡尔·古斯塔夫·荣格著：《荣格文集·第五卷·原型与集体无意识》，徐德林译，国际文化出版公司 2011 年版，第 47、49、49、7、11 页。

发展应该说在宗教心理学和心灵哲学领域具有更重要的意义，特别是在中国宗教文化心理领域，我们不但可以使用这种理论，更可以在前者的博大文化背景中将后者本地化及充分发展，这是一种不同于以往的新理论，有着新时代的转折性意义。

在理查德·威尔海姆看来，中国文化传统哲学的理论前提是：道通过它所化成的内在的和外在的世界掌控着人的生活。

三、宗教经验及心理：威廉·詹姆士

威廉·詹姆士是美国著名的实用主义（人本意义上的实用，见席勒《人本主义》）哲学家，同时也是宗教心理学家，他对于宗教经验态度的深刻结论虽然过去很多年了，但依然具有非常重要的学术理论价值。这一点主要反映在他的著作《宗教经验之种种》一书中。

关于宗教经验，威廉·詹姆士在该书的第 16、17 章，不但介绍了何为"神秘"的个人宗教体验，还就这一问题进行了尽可能"科学"的宗教人类学解释。最后的结论更是理性，这样人们才不会囿于一隅，才可能以有限的认知尽可能接近无限的"真理"。无论如何，对于神秘宗教体验的态度，对于威廉·詹姆士这三个如此客观清晰和理性的结论，不能不认为其合理性和学术研究上的必要性。

以这样的一个理性态度去看待种种宗教体验，必然会使人们更加客观和科学。其实，近代心理学的发展已经在一些方面使人们开阔了眼界，比如宗教心理学领域已经能够运用意识和潜意识理论在神话分析、宗教心理分析、原型分析等方面进行更深入和符合学科特点的研究和分析。

种种个人的特殊案例，总是会由一些条件和因素促成，如长时间集中精力的冥想，睡眠中（毋宁说在梦中）"无知无觉"时，被催眠状态下，各种形式的放松之后……可以观察这些情况，它们有一个共同点：意识非常集中，或者是意识非常薄弱，同时潜意识进入到意识，或者说潜意识状态居于主导地位，主体也许在表现上是"无知无觉"的，然而一切都在发生。无知无觉指的是意识的无知觉，而潜意识里并非如此，但对于主体来讲，完全无意识。然而当意识回归后，意识可能不明原因地被改变了，或者说不明原因地有变化了，而这也是很多人，主要是宗教信徒梦寐以求的个人宗教体验的经历。当然他们追求的是与其所信仰的超自然力量的"合一"（共同存在的状态）。当然他们达到这种状态的方式相对一般人来说就比较"专业"，比如，祈祷、咒语（咒术）、宗教仪式、特殊的宗教修炼、民间巫术（新萨满"通灵"）等等。

事实上，威廉·詹姆士更是作为一名实用主义哲学家而著称的，他的哲学在很大程度上影响了一批思想家，甚至宗教心理学家，这其中就包括荣格。

心理学如何解释宗教性的人类行为和经验呢？近代多从心理分析而不是行为主义的角度去阐释，如弗洛伊德的上帝—父亲形象投射论、宗教仪式强迫性神经官能症论、宗教幻觉论等。荣格的集体潜意识和原型论，虽然与宗教的关系更近，但却更具"神秘性"，更难以科学来名之。但无论如何，心理分析和治疗的方法与宗教对于人们心灵的处理更加相似，人们在其中追寻心灵的平衡和平静，以求达到生活的幸福和实现生存的意义。

种种现象表明，宗教对于不同人格的人，吸引力是不同的；或者说不同人格的人对于宗教的态度是不同的。那么，宗教与人格特质之间会有怎样的关联呢？

按照阿盖尔的说法，在艾森克人格传统中，人格具有三种特质：外向性、神经质和精神病类型，大量的宗教与这些特质关系的研究结果表明：外向性和神经质的人格与宗教一般没有什么联系，而精神病类型的特质与宗教却是负相关的关系。①在"大五"（OCEAN）②人格系统中，"对经验的求新性"则被发现与宗教有某些联系。③除此以外，阿盖尔还认为，宗教认同性会和专制主义④负相关。

"最新研究发现，最为专制的宗派是基要主义⑤者；……专制主义与基要主义的相关系数为0.68，这个发现适用于印度教徒、穆斯林、犹太教徒以及基督教基要主义者。这可能是因为，基要主义者鼓励服从权威、墨守成规、自以为是和具有优越感——这些都是专制主义的不同方面（Altemeyer，1988）。或者这也可能是因为，天主教徒及基要主义新教徒要求他们的孩子更多的服从，主张对过失者采取惩罚的态度，并且赞成体罚——如果他们认为，为了保持他们的信仰必须这么做的话（Danso et al.，1997）。"⑥

还有就是罗基奇人格理论中的"教条主义"⑦或"封闭的头脑"与宗

---

①③〔英〕麦克·阿盖尔著：《宗教心理学导论》，陈彪译，中国人民大学出版社2005年版，第36页。

②Openness to Experience、Conscientiousness、Extraversion、Agreeableness、Neuroticism 为大五（OCEAN）人格系统，也被称为人格的海洋。即对经验的求新性（Openness to Experience）表现为具有想象、情感丰富、接受性、创造性、智慧等特征。尽责性（Conscientiousness）表现为公正、责任感、自律性、克制力、成就感等特点。外倾性（Extraversion）表现为热情、积极、直率、活跃、冒险、乐观等人格特点。随和性（Agreeableness）表现为信任、利他、谦虚、不极端等品质。神经质（Neuroticism）表现为焦虑、敌对、压抑、敏感、冲动、紧张不安等特质。

④"专制主义，描述的是这样一些人，他们绝对服从权威，因循守旧，反对所有的离经叛道者和局外人。"参看〔英〕麦克·阿盖尔著：《宗教心理学导论》，陈彪译，中国人民大学出版社2005年版，第37页。

⑤基督教新教神学思潮之一，始于19世纪末。

⑥〔英〕麦克·阿盖尔著：《宗教心理学导论》，陈彪译，中国人民大学出版社2005年版，第37页。

⑦"（教条主义）这是用来描述一些人，他们思想僵化，不能容忍模糊性，也不能处理新信息。"参看〔英〕麦克·阿盖尔著：《宗教心理学导论》，陈彪译，中国人民大学出版社2005年版，第38页。

教情况的相关情况。阿盖尔谈道，罗基奇发现，所有教会的成员倾向于排斥其他教会成员，当这种教会与自身信仰差别越大，这种排斥越强——这里的排斥是指与其他教会成员结婚或交友。①

再有一种相对次要的人格品质是"暗示感受性"，主要指人们对于暗示的反应情况，主要表现在身体和行为上。可以用对催眠的感受性来测试，结果是，"在 14 个戏剧性的皈依的人中，有 13 个是易被催眠的；而在 12 个希望皈依而没有皈依的人中，9 个不能被催眠"②。可见，感性强、情境性生活的人更易于接受催眠，具更强的易暗示性。而理性和逻辑认知力强、不易冲动、不易暗示的性格，意味着催眠的可能性降低。

事实上，不但不同人格特质的人对于宗教的感受性不同，宗教也会对人的意识形成和人格重大改变有重要作用。

首先，从偏见的固着度来看，人们发现大多数情况下，"教会成员通常比不信教的人对犹太人和黑人更有种族偏见……最没有偏见的人是不信教的人……珀金斯……发现……对那些宗教态度弱的人来说，他们在人道主义和平等主义态度方面是最弱的；对那些宗教态度温和的人来说，其在种族主义态度方面是最强的。那些具有强烈宗教态度的人，在以上这三个方面的表现都是最自由的……那些有强烈外在宗教取向的人比有内在宗教取向的人偏见更强烈，而且对外在的维度而言，只存在一种与偏见的关系……人们发现，在偏见与原教旨主义的测量标准之间有一种深度相关性，有时相关系数高达 0.70，这不仅对基督徒来说是如此，对犹太教徒、穆斯林和印度教徒来说，也是如此（Hood eg al., 1996）"③。

"总的来说，信教的人比不信教的人更具偏见。"④阿盖尔认为原因可能有这么几种：第一，宗教组织内部的团结，导致对于非组织成员的排

---

①②③④〔英〕麦克·阿盖尔著：《宗教心理学导论》，陈彪译，中国人民大学出版社 2005 年版，第 38、40、207~208、209 页。

斥。"恐惧操纵理论"研究结果表明，人们对于死亡的恐惧会使人们本能地不愿意和意见不同的人交往，这样会加深偏见。第二，原教旨主义者更多的是专制主义者——因为他们鼓励教徒服从权威、墨守成规、自以为是和自我优越感（Altemeyer and Hunsberger，1992）。第三，宗教教育有时也会加强和鼓励偏见。①

其次，宗教可以在教徒中间传递一种工作伦理，继而是社会道德。

韦伯在《新教伦理与资本主义精神》中谈道，新教精神可以鼓励新教徒更努力地工作，也得到更多的收入，有更好的工作，受到更多的教育。宗教可以在教徒中间传递一种伦理观，从而成为一种社会道德的源头。不过因为具有了不同的身份认同系统，宗教也可以造成群际关系间的紧张。②

再次，宗教影响信徒对待身心、行为和生命的态度。

阿盖尔认为，他们的数据表明教会成员比非教徒更健康，因为有些教会在教义中明文规定一些更健康的行为，而令教徒施行，这种力量的影响至今存在。在自杀率方面，他引用的数据表明，教会成员越多的城市里，自杀率相对较低。不过在违法行为方面，宗教的影响力似乎已经非常小了。③

事实上，不仅是人格，还有人们社会化的程度、社会学习的有效性和环境也会影响他们对待宗教的态度。宗教对于人们的影响力，在性行为、自杀率、健康方面可以比较明显地看到。不过信仰宗教的人们还是会觉得，"与上帝的关系如同另一种有支持性的关系"。但是对于宗教的心理学解释虽然也不算少，不过始终没有人们普遍比较公认的有用的解答。④

---

①②③④〔英〕麦克·阿盖尔著:《宗教心理学导论》,陈彪译,中国人民大学出版社2005年版,第209、236~237、233~235、266~267页。

第三章　现代宗教人类学问题与研究

第一节　宗教与新时代的"医心运动"

现代社会，特别是近几年来，随着心理治疗与咨询越来越广泛地发展，更多的人开始注重以心理平衡和心灵宁静为目的的健康养生。这本无可厚非，但是这种以心理专家为核心而组织的心理团体或咨询机构越来越多地生出经济触角，还以心理和心灵问题为主题将一些人聚集，其组织和行为方式逐渐带有"神秘化"甚至"宗教化"的特点。这种现象越来越像是威廉·詹姆士在《宗教经验之种种》一书中谈到的"医心运动"——美国历史上一次轰轰烈烈的全民范围的健康运动——当然这个运动是以心理治疗和心灵治愈为主要目的的宗教运动，也被詹姆士称为"医心教"。

按照詹姆士在上述著作中所说，"医心运动"于19世纪最后25年逐渐发展成一个真正的宗教势力，其标志是有专门的出版商和出版社为迎合此类读者的需要而刊印关于医心的刊物。它的来源并不单一，但总体来说，是以一种积极而健全的心态面对生活，从而克服心理障碍。这种心态可以是生而有之的，在其基础上的反复训练，也可以是后天习得的，对于人们病态心理的改造，但这属于较小的部分。具体表现为："放松的福音""别担忧运动"和早晨起床时重复念"青春！健康！强壮!"等等日常座右铭。这样的医心运动,秉承泛神论观念——认为人的精神分为有意识的部分和潜意识的部分,而潜意识部分天生是由神合一的……这个观念"含着一点基督教神秘主义,又有一点超绝的唯心论,又有一点吠檀多说,又有近代关于意识阈下的自我的心理学说"①。通俗地说,医心派运动之所以广为流行,最重要的就是:(1)它安慰面对人生困难的人们时,总是以能够适应大多数人的心理需要的方式和内容去说理,特别是对于相信"修德"和"善行"的人②;(2)思想就是力量,且可同力相吸,乐观的思想会借由自己和自己的吸引合力,实现人的人生目标,其滔滔之势如神力相助。总之就是,"上帝安好,你也安好。你必须觉悟到你的真性"③。这个运动在医疗上取得了重大胜利,信众日广。在詹

————————————————

①这是书中引用的关于医心的核心宗教观点的叙述:"世界的重大的中心事实,是在一切的背后的,并在一切内,经过一切而表现的无限生命和权力的那个神。这个在一切的背后的无限生命与权力之神,就是我所谓上帝。我不管你要用什么名词,只要我们对于这个中心事实自身同意,名称是'仁慈的光''天命''太上灵魂''万能',或任何最方便的名词,都行。那么,惟有上帝充满于全世界,所以一切都是由于他,在于他,并且没有什么东西会在他之外。他是我们生命的生命,就是我们的命根。我们参与上帝的生命。虽然因为我们是个别化的神,而他是包括我们并一切其余的无限的神,我们在这一点与他不同。可是,根本上,上帝的生命与人的生命是完全相同的,所以就是一个生命。这两个生命并不是根本上或性质上不同;它们只是程度上不同。""人生的重大的中心事实,就是自觉地,根本地,感悟我们与这个无限生命为一,并且我们完全可以承受这种神圣的倾注。我们这样觉悟我们与无限生命为一,并承受这种神圣的注入到什么程度,我们在我们自身实现无限生命的品性和权力,并把我们自己弄成那无限智慧和权力可以作用的路线,也恰恰到那个程度。你觉悟你与无限之神为一到何程度,你会变不舒适为舒适,变不和谐为和谐,变痛苦为旺盛的健康与力量,也恰恰到那程度。认识我们自己的神圣,以及我们与世界的精神的密切关系,就是把我们的机器的皮带接到世界的发电厂内。人就不必停留在地狱内,比他自己要停留的时间更久;我们可以升到任何种我们自己选择的天堂;并且在我们自决这样上升之时,世界的一切高层力量都联合起来,帮助我们向天堂上去。"〔美〕威廉·詹姆士著:《宗教经验之种种》,唐钺译,商务印书馆2002年版,第96页。

②③〔美〕威廉·詹姆士著:《宗教经验之种种》,唐钺译,商务印书馆2002年版,第97~103、103页。

姆士看来，医心运动就是通俗宗教中典型性的一种，他称它为"医心教"。后者具有与道德体验不同的特点，也是与其他宗教经验不同特点的宗教经验——因为它的心理基础是健全心理中的信念，其最关键的技术是放弃意志的主动倾向，即身心放松，将所有的一切交与其最终信念，无论其后的结果是什么。直至最终得到的却是本以为要放弃的正在诚心放弃的"好处"，即"先破然后再立"，这个在体验者看来恰似一种无名外力作用的结果。"由停止努力而来的更生现象，无论我们对这些现象的原因要采取有神论的，或一种泛神论的唯心论的，或一种医学的唯物论的观点来解释，它们总是确实的关于人性的事实。"①

在这个过程中，其实最关键的是创造条件使暗示变得有效。如何才能使暗示有效呢？詹姆士认为：（1）暗示须以一种"启示"的形式来到，才能让人受到足够充分的影响；（2）其前提和事实是大多数人具有接受完全的暗示而使自我再生的健全心理基础；（3）极大地利用了潜意识作用。

但是这是不是又涉及宗教与科学的关系处理呢？詹姆士认为，"在实际上能利用科学与宗教两者的人看来，明明科学与宗教一样是真正开启世界的宝藏的钥匙。可是，这两种之中，没有一件是包罗一切的，或是不容许同时并用其余一件的。毕竟，世界是那么复杂，它可以包括好多个互相透入的各界的实在；这些实在界，我们可以用不同的概念，取不同的态度依次去接近……为什么世界一定不能是这样的呢？依这个见解，宗教与科学这两件，一小时到一小时，一个人到一个人，都各自得各自的证实，它们将成为永远并存的"②。

同样的，现今心理治疗在世界范围内，尤其是在发展中国家的小圈

---

①②〔美〕威廉·詹姆士著:《宗教经验之种种》,唐钺译,商务印书馆 2002 年版,第 106、116 页。

子中也逐渐有了这种趋势，当然这是需要再行论证的问题。

还有就是，在谈到养生时，特别是在中国民众的思维中比较容易反映出一些词汇：禅息、道丹、太极拳、中医等等。这些词汇与宗教和哲学有着千丝万缕的联系。事实上也是，说到宗教，人们除了对它是作为精神上的一种信仰的固定印象外，还有一种联想就是养生、长寿、身心平衡等。为什么人们会有这样的联想呢？这与宗教、哲学等的本身教义或者理论内容密切相关。

不过，与西方不同的是，中国人对心理学的印象并非如此的"科学"，与此相反，心理学与宗教学都是不那么"科学"的学科，所以在中国做宗教学与心理学的研究一度都被认为是非"科学"和非理性的思维，研究过于敏感，在国内一度举步不前。这也从一个侧面反映出，人们或多或少地感知到了在宗教生活中的意识与心理分析中的意识有相通相似之处。

近年来，随着心理治疗及咨询领域的不断发展，越来越多的人不但进行着跨界的学术探讨，如存在主义心理学、人本主义心理学、积极心理学、女性心理学、文化心理学、社会心理学、环境心理学、民族心理学等，而且一些类似"医生教"的活动也纷纷出现，使得宗教研究者本身亦意识到了宗教学与心理学学科性融合的必要性和现实紧迫性。有学者甚至预见到了宗教学与心理学结合可能产生的奇妙化学反应。2013年，由中国社科院的金泽、梁恒豪教授主编的《宗教心理学》合辑公开出版，这标志着中国宗教心理学的发展达到了一个新的阶段——一个名为"宗教心理学"的学科在中国正式出现了，因为这是第一个以宗教心理学名称发表成果的学术平台。至 2017 年，这些专家和学者们一直都活跃在并组织着这个领域里全国性的学术会议，且将成果发表在《宗教心理学》集刊上。这是宗教学研究的一大盛景。

在上述活动与组织的影响下，一大批中青年学者对西方宗教心理学的发展及流派特点进行了研究，在哲学家为主的学者中主要对存在主义心理学、现象心理学、人本主义心理学、认知心理学进行了研究，并因此对宗教人类学的研究颇有独到的贡献。

第二节　"新萨满"说及巫术泛化

萨满教是北方民族中广泛存在着的宗教形式，但现在也常有人提出，萨满不是宗教人士，萨满教不是宗教，它只是一个运用特定的方法与大自然和宇宙沟通的体系。按照这样的说法，萨满的存在更具普世性，也就是说一些民间的"巫术"采用的技术与萨满沟通宇宙精神的方式是很相似的，这样人们会从他们日常生活的方方面面找到萨满精神的充斥之迹。

20世纪以来，包括欧洲和美国在内的一些大中城市的人，开始越来越多地在其日常生活中有意地"萨满化"，当然这种变化是比较隐的，这就是他们所称的"萨满复兴"。人类学家迈克·哈内尔在《萨满之道》一书中提出，在现代，人人皆可为萨满。除了学者专家的推动以外，"萨满复兴"或者说"新萨满运动"，认为人们有权力处置自己的精神力量和选择自己的精神生活。他们在一些国家和城市中成立了专门针对人们成为萨满进行培训的基金会，并开设专门的课程教授如何通过特定的方法转换意识状态，以便于人们发现自身与宇宙大自然的沟通方式，从而发掘出潜力，提高心理素质和提升心灵状态，最终回馈社会。这样的一种日常生活，也被称为"巫术化"或"巫术"泛化。

如前所述，越来越多的人倾心于心理咨询与心理健康，也认识到了心理对于生活的重要性。类似医心运动，人们采用各种方法提升和"修炼"自己的心灵，而古老的"巫术"无疑会在这个层面上受到再一次的重视和使用，正如萨满在这个意义上也被看作巫术的一种形式一样。哈内尔认为，新时期的萨满主要是应用萨满的一些技巧，改变人们的意识形态，积极思维，求助于宇宙与自然的资源，改善人们的身体和心灵。这样的全民与"巫术"化生活看起来颇为类似于萨满教的复兴，或者说一种新时代的萨满教的形式，因此也被称为"新萨满教"。

事实上，萨满教之所以再次引起人们的注意，还有一个重要的原因，那就是作为一种北方民族中常见的宗教形式，它最经常表现的其实是一种人本主义的关怀，这种人本主义通过关照人与其所生存的主要环境，从而实现人类生存的最基本需求。这种需要在现代尤其突出。人类社会的工业化日益加强，越来越多的生态遭到破坏，再生资源成了稀缺……人类与环境长长久久的互惠互利似乎并不再被抱以希望了。在这种情况下，萨满教特有的与环境的沟通与协商，看重环境对人类的巨大影响力的思维都可以给人类以新思路和新途径。现在的新萨满的宗教活动主要通过心灵疗愈团体的培训和体验形式进行。学习的人们通过一些训练技巧和方式，达到进入世界的通道，或者说将自己与自然"接通"。他们会沿袭萨满教的传统，以音乐和鼓点相辅助，引导一定的程序进行。当然现代新萨满中不乏自我运作的情况，他们会通过现代的特制的萨满仪式电子辅件和高科技产品帮助自己实现与自然的沟通，以这样的方式解决自己和他人的问题。当然无论新萨满还是传统萨满都以和"灵性"的空间及事物相交流为最终目的。

对于萨满及其巫术仪式来说，音乐和鼓声是必不可少的，到了"新萨满教"这里，更是将这些因素提炼聚集，又加上身体的律动，于是伴随着声、震和舞，一起创造出既同于古老的萨满教，却又同时化繁为简并带有新时代特点的"新萨满教"。

第四章　中国宗教人类学研究概论

宗教人类学学科自诞生以来，就是以西方，特别是欧美学界的理解来界定和解释的体系，这当然与其学科发展的历史和文化背景有关，也与中国人类学本身发展较晚且不够系统有关。因此，中国学者在人类学和宗教人类学领域始终肩负着一项本民族学科的科学体系建构和发展的责任。

事实上，在中国现有的人类学研究领域中，更多侧重于民族学、语言学、考古学学科方面。对于宗教人类学的研究并未达到一定的深度，毋庸说广度。而建立自己的宗教人类学体系，不但需要深入了解和认识西方宗教人类学的研究理论、主题与建构路径，从中吸取可以为我所用的精髓，同时更应根据本身文化环境和背景进行适合中国自身的学科建构，即对于中国宗教人类学具体研究内容与概念的中国化分析、定义，从而搭建起中国宗教人类学学科研究的平台。当然，除了国情、文化传统、社会问题的不同可能对学科体系建构产生不同的影响之外，人类思想认知延展的共性特点也是宗教人类学作为学科的发展必然具有的学科共通性前提。这个具有中国特色的学科建构过程显然是一个漫长而复杂的过程，但也未必不是一个现在就可以做起来并可以有显著成效的工作。

严格来说，中国人类学的发展到目前为止还是有自身的特点和相当的优势的，不但有极其丰富的人类学研究资源和资料文献等，还有大批相关研究领域的专家学者。譬如他们在社会人类学、民族人类学研究中的工作就做得相当不错，在这个方面的学者专家也有相当一部分人作出了杰出的贡献。这也是我们对于中国宗教人类学研究并不悲观且抱有相当期望的原因所在。

说到宗教人类学研究，它还是与其他学科的人类学研究有所不同的。可以这样说，宗教人类学是以人类学学科的研究方法去研究宗教及其文化现象的学科体系。所以，人类学的研究方法加上宗教学研究及其拓展后的研究对象，构成了完整的宗教人类学研究主题。那么对于中国特定的文化背景来讲，我们的宗教是什么，宗教文化涉及哪些方面，如何以人类学的研究方法去研究，有什么样的效果，其作为传统文化重要部分的思想基础是什么，现状如何，将来走向是什么，这都是必须要考虑的问题。

第一节　关于"中国的宗教"

研究中国宗教之初，有必要先对"中国宗教"做一个定义。虽然在研究和认识某事物之前一般是不可能对其精确定义的，但却对其相关的存在有隐约的知觉和直接的推理，甚至可以以否定的形式表达其所不是，从而逐渐划定一个大致的学理范畴，如此才好进行讨论。

对于中国宗教的内容解释可以有两种：（1）"中国宗教"：排除了中国有没有宗教（国教）这个伪问题。我们要研究的是：中国宗教是什么样的？（2）中国的宗教：它包括土生土长的道教，外来又本地化了的佛教，外来可能本地化或可能还没完全本地化的各种教派，如基督教、伊斯兰教、东正教、摩尼教、巴哈伊教等。

对于第一个问题，有时候人们也会这样问：中国人有没有信仰，或者，中国人有没有宗教信仰？首先，信仰与宗教信仰是有差异的。信仰是一种人类意识对于自我内部和外部世界的认知、认同且愿意投入实践的意向。既然是一种精神活动和状态，那么在这一点上它和宗教信仰是相同的；之所以是宗教信仰，它就是一种基于具体的超自然意向系统之上的认知、认同和实践。它是需要一种结构前提的，而这个结构前提即是人类学，特别是宗教人类学研究的主要对象。其次，有宗教和有宗教信仰的差异。中国宗教是一种特殊的宗教，无论是从结构上还是从内容上来讲，中国人有宗教和中国人有宗教信仰还是不同的。或者可以说，中国人有宗教生活，但是否有宗教生活的中国人就一定有宗教信仰呢？这个问题的答案是非确定的。因为答案是和这种"特殊宗教"的性质相关联的——只有当有机地和整体性地理解这个宗教，才能明白它的"特殊"之处。

如何特殊？简而言之，中国宗教的结构是和"科层"结构的社会组织相关的，其内容也和社会生活的方方面面联系在一起。故而这不是一种单一的、如同传统意义上定义的那种只是作为信仰和意识文化的宗教，而是一种与人类的生活、文化和命运密切相关的有机的复合性的"宗教生活"，或者说"生活宗教"。

第二节　中国宗教文化心理分析及衍化

一、中国宗教文化心理的分析及探索

宗教心理学作为宗教学研究的重要方法在近代越来越被重视。在对中国民间代表性宗教文化进行研究的过程中，意识与潜意识关系问题引起了笔者的再思考和分析——事实上，心理学和宗教学结合产生的奇妙变化，在某种程度上预示着人类意识对自身理解的重大转变，或许在不久的将来会成为人类精神发展史上的一个重要转折点。

1. 潜意识理论回顾

弗洛伊德把无意识①（即潜意识）提到了前所未有的高度，他认为"精神过程本身都是无意识的"。因此，弗洛伊德主张，心理学的研究对象主要应该是人的各种无意识的精神过程，但弗洛伊德的这种"无意识"更多是"自然"人的"个体无意识"的呈现。

荣格强调人的精神有崇高抱负，不仅局限于"自然"的"无意识"过程，提出了人类具有"形而上"的集体潜意识概念，用它来表示人们心灵中所包含的共同的（人类的）精神遗传。

荣格给"集体潜意识"做了如此定义："集体潜意识是精神的一部分，它与个体潜意识截然不同，因为它的存在不像后者那样可以归结为个人经验，因此不能为个人所获得。构成个人潜意识的主要是一些我们曾经意识到，但以后由于遗忘或压抑而从意识中消失的内容；集体潜意识从来就没有出现在意识之中，因此也就从未为个人获得，它们的存在完全得自于遗传。"

可见，荣格提出的这个"集体潜意识"是"人"作为"类"所特有的。我们在这里之所以要强调"人类"二字，只是因为我们在研究中发现，荣格"集体潜意识"概念，只是局限在"人类"思想范畴内，虽然他的这种"集体潜意识"不能为人的"生物"意识所感知。荣格还认为集体潜意识的内容主要是原型。荣格认为："原型是人类原始经验的集

①在弗洛伊德看来，人的意识分为意识、前意识和无意识三部分。从性质上讲，意识和前意识可归于一类。这二者是与直接感知有关的心理部分，虽然前意识是暂时不用提取的意识内容。而无意识则是不能被本人意识到的，它包括个人的原始冲动、本能以及出生后和本能有关的欲望（与人的生物机体紧密联系）。这些冲动、本能、欲望，与社会文化不相容而被压抑，处于意识之下，但是它们并没有被消灭，仍然在不自觉地积极地活动着，想要实现自我。由于弗洛伊德的无意识具有这样的性质，所以人们把他的无意识称为"潜意识"（英文是 subconsciousness，又译为"下意识"）。

结，它们像命运一样伴随着我们每一个人，其影响在我们每个人的生活中感觉到。"

可见，原型更多存在于"形而上"的哲学意义上，原型的存在也远远超越于荣格对其定义的"人类原始经验的集结"，故而我们可以说，集体潜意识的原型来源于"人类原始经验的集结"，但却并不局限于此；或者说，荣格意义上的"集体潜意识"在理论上还有更多的发展空间。当然，这个结论来自于对中国宗教文化心理进行的哲学经验主义解析，但也因此或多或少带有"神秘主义"色彩。①

2. 潜意识、原型与共时性新解

中国西汉有一位号称"飞将军"李广的名将，曾有一段传奇故事，被称为千古之谜。《史记·李将军列传》记载："广出猎，见草中石，以为虎而射之，中石没镞。视之，石也，因复更射之，终不能复入石矣。"

人们对此故事有不同的解释。有人解释为："精诚所至，金石为开。"但也有人提出异议，举例反驳说："余尝以问杨子云，子云曰：'至诚则金石为开。'余应之曰：'昔人有游东海者，既而风恶，船漂不能制，船随风浪，莫知所之。一日一夜，得至一孤洲，其侣欢然。下石植缆，登洲煮食。食未熟而洲没，在船者斫断其缆，船复漂荡。向者孤洲乃大鱼，怒掉扬鬐，吸波吐浪而去，疾如风云。在洲死者十余人。又余所知陈缟，质木人也，入终南山采薪，还晚，趋舍未至，见张丞相墓前石马，谓为鹿也，即以斧捎之，斧缺柯折，石马不伤。此二者亦至诚

---

① 威廉·詹姆斯曾说："1. 神秘状态得到充分发展之时，通常是——而且有权利成为绝对权威——完全支配经验它们的那些个体。2. 神秘状态无权强迫外人承担义务，让他们毫无批判地接受它们的启示。3. 神秘状态打垮了非神秘主义或理性意识的权威，这些权威仅仅建立在理智和感官的基础上……为了维持生命，我们内心事物总会对神秘状态做出反应，因此，我们可以自由地继续相信这种真理。"〔美〕威廉·詹姆斯著：《宗教经验之种种》，尚建新译，华夏出版社2005年版，第255页。

也，卒有沈溺缺斧之事，何金石之所感偏乎？'子云无以应余。①"

笔者认为用如上事例反驳是不具说服力的，原因如下：

第一，产生意识的主体不同。即三个不同的主人公具有的意识内容是不同的，或者说他们原型意象的表达都不同（按荣格的五个典型的原型意象来分析，原型意象可以表达意识和潜意识）——通俗地说，即意识的兴趣点及注意强度不同，决定了所有的不同。

第二，情绪的爆发程度不同。在李广的故事中，老虎是吃人的，危险就在眼前，也许不到一秒，所以李广的箭速也是快得惊人。那是一种训练有素的爆发力。

第二个故事也是迫于面前的死亡威胁，但不同于故事一的是，这种威胁还没有那么急促，只是一种可能性，所以在情绪上，人们并不需要马上达到某种紧张的状态，甚至是松弛和消极的。

第三个故事有两个重点：(1)既然没面临着生死，也就无所谓爆发力，甚至可以说，故事主角的目的是可有可无的；(2)就算是个小宇宙大爆发，也因为速度的原因会错过最佳爆发点。因为在这个故事里，主人公是用斧头的，无论手再快，也快不过倏现即逝的意识，也就是说，这个人的状态与李广的状态完全不一样。根据《史记》记载，李广亦觉得此事不可思议，然后再重复，却再没有一次如同之前的情况了。对李广本人而言，同样的主体，同样的箭速，却再未完成相同的事，究其原因，是因为情境不同，心态不同，导致状态不同；或者说没达到意识和潜意识的高度统一。

"精诚所至，金石为开"的实质应该是"精诚之至，超凡脱俗"。"精诚"在心理实验学上会导致两个状态：(1)"信念"，深信不疑的信念，

---

①《西京杂记》卷五。《西京杂记》是中国古代笔记小说集，其中的"西京"指的是西汉的首都长安。该书写的是西汉的杂史，既有历史也有西汉的许多逸闻趣事。作者疑为葛洪。

使意识完全打开了接受外部信息的通道，潜意识所受的压抑达到了最小值，最易外化；（2）巨大的激情，使意识和潜意识不但高度统一，且注意力集中在很窄的范围里，或者说排除了专一目标之外的其他意识和念头。

我们也观察到一个问题，李广之所以出现了多少宗教人士孜孜以求想达到的超凡入圣的状态，只是因为他误把石头当作卧虎，以为面临生死关头，这样的一种极度情绪让他直接调动了自己的潜意识并使之暂时性地代替意识。天色昏暗，风行草上，对李广造成的影响，其实就是一种心理上的情境暗示，使之见到石头就以为是老虎。

意识和潜意识的互相转化在这里表现得很明显，这种互相转化有两种情况：

第一，潜意识外化为对特定情境的意识，如李广出现了某种"超能"。

第二，对特定情境的意识内化为潜意识，如外界情境对意识的暗示。

老子在《道德经》中谈道："道可道，非常道……故常无欲，以观其妙；常有欲，以观其徼。此两者，同出而异名，同谓之玄……"

如图所示，如果我们把"无（解释为没有，或者说隐性的、潜在的）欲（这里解释为意念或思想，或说意识）"看作是潜意识，则图中"圆"的内容代表"妙"之有欲，或者可以通俗地说是潜意识外化表现为对特定情境的意识。而"圆"的形则可代表这个"特定情境"。同理，如果把"有欲"解释为意识，如图，其中的"圆"则为"微"之无欲，从心理学术语来讲，即个体的情境意识（对某种情境的意识）

太极图

内化为潜意识。

《道德经》还谈道"玄之又玄，众妙之门"。"玄"也可作"圆"解释，同时作为通假字，其意与"旋"（旋转之意）相同。为何说是众妙之门呢？如果我们把这个"圆"看作是某种"情境"，也就是说这种"情境"是意识和潜意识产生的根源。我们看这种哲学会提出两个问题：（1）什么样的情境才能产生意识和潜意识？（2）既然是旋转着的"圆"，我们有理由提问，两个"圆"有没有重合的可能？从心理学上讲，意识和潜意识在何种情境下，可能重合为高度一致的同步意识？情境是这些问题的关键。

情境是什么？产生意识和潜意识的情境应具备何种条件？如果说，"存在只是一种潜在的概念"（黑格尔），意识和潜意识就更是这样的存在：哲学的存在。新生的意识和新生的潜意识都是一个"一"，"一"是具体化的，有了"名称"或者说具有了某种规定性的"存在"。它产生的条件是"情境"。《道德经》第四十章："反者道之动，弱者道之用。天下万物生于有，有生于无。"意思是说：第一，相反性质的事物是发展变化的动力。第二，一般会是极强的事物向它的反面变化。第三，一个相反的性质总是从它的内部出现。第四，这个变化过程遵循着"道"。这四点很好地解释了"一"的产生。反映在心理哲学上，这个起着某种规定作用的"一"——"情境"就具有如下特点：第一，可以促使某个方面达到极点，达到极点之后才可能出现反向的一面。第二，情境所表达的主题明确、单一，但其影响力是全方位的（语言只是起作用的一种因素）。第三，情境包含的所有元素存在着某种"既定合谐"。

可以这么说，潜意识的衍化表现为"共实"——实质相同，而其外化表现为"共时"——同步。可实行反向操作，达到特殊情境中的意识和潜意识的同步共实。

到此为止，我们从"一"中看到如下事实：（1）人的意识完全被自己意识到的情境改变了；（2）人的身、形、意在某一刻变成了一个完全统一的整体，变成了一个"一"；（3）"超自然"现象发生了；（4）潜意识是一个很自然、正常、顺理成章的事情，反映在意识世界里的现象则是象征性的、"超自然"的不同寻常的事件。

可见，激发和达到潜意识状态最有效的方法是"暗示"，即以语言的或感觉性的提示，在人的潜意识中营造一种新的情境，并发展之。暗示效应相当大，可以是积极的，也可以是消极的，并且意识不会产生对抗。

在如上的讨论中，所举例子都运用了感觉的暗示。但人类有各种各样的符号系统，在这些系统中，语言和文字无疑是很重要的信息传递方式。中国宗教文化里有一种祝由术，以及与祝由很类似的符咒法术，其有着运用语言（咒语）来达到某种心理状态的功用。

中国汉字既有象，又有音、义、数，也就是说既有形亦有神。每一个汉字都能和《周易》的八卦相对应。基于此，每个汉字相当于一个"小太极"，一个场。①从中国的古代文字到现在的汉字，数千年来无数人对它们的使用，加强了对汉字的意念和信念，暗示能力更强。在某种程度上，汉字对潜意识有直接的影响，可通过视觉就对其发生作用。

人们不仅可以用咒语打通机体，从而达到治病效果，还可以用它表达一定意思和意义的语言来唤醒潜意识（构造情境），达到从根本上治愈和控制的目的。人们研究发现，唤起潜意识的最重要方式是情境暗示法，所以，咒语的运用也是以语言为中心构造的一种形象化文字情境。

"著衣咒。旦起叩齿著衣咒曰：'左青童玄灵，右青童玉英。冠带我身，辅佑我形。百邪奔散，鬼贼摧精。敢有犯我，天地灭形。急急如律

---

①《周易·系辞下》第二章中对八卦的历史起源有如下解释："古者包羲氏之王天下也，仰观象于天，俯则观法于地，观鸟兽之文，与地之宜，近取诸身，远取诸物。于是始作八卦，以通神明之德，以类万物之情。"这段文字说明伏羲氏在治理天下的时候，将天象、地法、鸟兽事物等的运作规律总结在八卦中，用以与神明沟通，并且研究世间的万事万物。

令。'"①

这种咒语的结构很清晰。首先，描述一个"名"，或者说在意识中设定一个具体的事物。其次，向此具体对象陈述自己的意向（以很清楚确定的命令形式）。再次，强调这个意向，加入了一个更高层次的意象。相对于低层的潜意识来说，咒语对意识具有更大的影响力。

至此，我们看到整个咒语就是一个情境的设置，咒者在意识中虚拟了一个情境和其可能的结果，使其意识中对于安全感的追求得到了满足。然而，因为意识是对一个设定的、没有在所谓的意识的真正对象世界中发生的情境，所以个体意识对这个情境的认知始终处在一个内化的状态，也就是我们说的个人意识的内化。这种意识和真正的个人潜意识有相似，但也有不同，如何使个体潜意识真正认同它并与其整合为一呢？这就需要咒语的简单重复。

根据如上分析，道教和佛教的许多经文，以及念鬼神之名、天宫之名、星名以至于祈祷、发誓，念某些诗、书、六十四卦卦辞，念童谣等都可被视为念咒的不同形式，可起到不同层次的意识作用。

念童谣是念咒的最典型例子，如鲁迅曾引用的辟邪童谣：

人来叫我魂，自叫自承担；叫人叫不着，自己顶石坟；石叫石和尚，再叫自承担；急叫回家转，免去顶石坟；你造中山墓，与我何相干；叫魂叫不去，再叫自承担。②

不过这种咒和前面讲的咒有不同的作用法。这个咒的内容有一个最大的特点：没有邀请更高一级的原型意象，只是在意识内化的层次上提出问题、解决问题，而且是以极端手段解决问题；或者说，解决问题的

---

①张君房：《云笈七签》(《云笈七签》是辑录《大宋天宫宝藏》内辑录的一部道教类书)，第四十七卷《秘要诀法部三》第二部分。

②鲁迅曾在《太平歌诀》一文中引用1928年4月6日《申报》上登载的童谣。

手段是以暴治暴的。相对来说内容详尽，或者说同义多次重复，但却能看到是一种依靠自己的意识力量来解决问题的方式。这和咒语的施行者有关。"童谣"，顾名思义，是由儿童来念的，而在阴阳哲学看来，儿童是新生的，阳气十足的，具有强大能量的，所以，他们本身来念比请什么样的人来念都强。

对比前面不同类型的咒语，无论是用哪个层次的意象和意识，它们始终传达的都是一个清楚明白的信息，而且在某种程度上讲，是有着不可挽回效果的一种信息。当然，对于流动的意识来讲，所谓的"当断不断，必受其乱"也有一个目标单一、恒定、确定的意义，即"诚"和力度的问题。

咒语书面化了就是符，即将咒语由语音转化为文字。最典型的有《易经》。符咒术深深地渗入中国古代的宗教、民俗，以及生产、经济、军事、权谋和老百姓的日常生活。

还有用法术害人的诅咒术。[①]这个例子比较像宗教人类学里讲到的黑巫术和比拟巫术，说"黑"是因为它有害于人，"比拟"是因为这种符咒法模拟了一个情境，这个情境和它所想作用的情境是相似的（这里说相似，并不是完全相同，所以只是类似，称为比拟）。但是，在故事中，施术者姜太公只是向画像射了箭，伤了画像的眼睛和其他部位，但他其实是希望伤到这个画像的原型——丁侯。我们还原一下这个过程：箭射伤了丁侯的画像——丁侯生病了。再简单一点：丁侯的画像被破坏了——丁侯生病了。这里有两个意思：(1)破坏了人的画像，就等于伤害了这个画像的原型；(2)破坏了人的画像，这个过程会平移到这个真人身

---

① 传说厌胜之术始于姜太公。《太公金匮》中说，周武王伐纣，天下归服，只有丁侯不肯朝见，姜太公就画了一张丁侯的像，向这张像射箭，丁侯于是生起病来。当他知道是姜太公捣的鬼，便赶紧派使臣去向武王表示臣服。姜太公在甲乙日拔掉了射在画像上的箭，丙丁日拔掉了画像眼睛上的箭，庚辛日拔掉了画像脚上的箭，丁侯的病就好了。

上，让他真的受害。这两种意思在宗教心理学上可以这样解释，第一层意思有两个解释：（1）因为中国哲学的阴阳观，人的影子是人的属阴部分，伤害了它，也就等于伤害到了这个人本身；（2）一个人的画像是一个人的分身，或者说一个原型，按道教的说法，它和拍的相片一样，是人的元神，伤害了它，人作为它的形体和化身也就存活不了。第二层意思的解释：破坏了人的画像，这个过程中具有明确的对象，明确的行为和明确的结果，无论这个行为发生在意识面对的真实世界，或是发生在潜意识的世界，都意味着一个相似的因果关系的发生，也就是说这是个象征性的因果关系。它所对应的，或者说和它平行的会发生另一个相似的因果关系。说平行是它所发生的意识层面不同，说相似是它那个明确的对象相似，行为相似，结果也相似，这是一个相对复杂的过程，很微妙，但也意味着中国人对于潜意识世界的认识和运用达到了一个相当高级的阶段。

荣格的共时性理论可以解释一部分这种运用，但只能说明其共时平行，不能说明它其实可以表现为一个因果平行的关系，一个没有时间上的先后的，可以无限次复制和引起的关系。也就是说，所谓的"共时性"应该用"共实性"表达，因为没有时间的先后关系，所以不仅可以正向操作，更可以反向操作，达到"引起共实"，即可以通过复制"此"过程中的各要素，达到实现"彼"过程的目的。我们可以将其表述为"潜意识心理过程的外化表现"和"意识的心理过程内化的表现"。这种心理分析也可用于对宗教人类学学科里的"交感""模仿"巫术和占卜术的解释。

可见，在中国人的宗教活动中，至少符咒这种活动不再只是通过简单直接的"命令"，实现一些简单的要求。人们更隐晦更技巧地达到更复杂的目的，这是心理过程中的一个飞跃。

中国道教文化中有一个至关重要的符图——《五岳真形图》。

在这个图中，以顺时针来看：北岳恒山象征水，西岳华山象征金，中岳嵩山象征土，东岳泰山象征木，南岳衡山象征火。事实上，这是道教世界观所理解的宇宙微缩图，是道教文化对"集体潜意识"认知并运用实践的终极化。这个"道"教其实早已完全变成了"道"——方法，是形式的道教，而非老子、庄子的作为

五岳真形图

"本真"的"道"了。从心理哲学看，这种认知只达到潜意识的"存在"阶段。这个阶段有无数的原型和原型意象，这也是道教神祇较多的原因。

为什么说是方法和形式呢？

"华山""泰山""恒山""衡山""嵩山"，这些实体存在于人类的"现实"世界，是人们的意识可感知的世界。它们以一个情境象征性地表达着道教的宇宙观。道教认为，这个具象象征的世界就是他们修炼所要达到的那个终极世界，或者说状态是一致的。这里涉及所谓的"共时"理论，及提出的一个新概念"共实"。

潜意识的衍化表现为"共实"，而其外化表现为"共时"（其实这里的"共实"和"共时"是对荣格"共时"的深层解析）。可实行反向操作，达到特殊情境中的意识和潜意识的同步"共实"。

《道德经》载："有物混成，先天地生。寂兮寥兮，独立而不改，周行而不殆，可以为天地母。吾不知其名，强字之曰：道，强为之名曰：大。大曰逝，逝曰远，远曰反……人法地，地法天，天法道，道法自然。"

如何"法"？设定相应的情境象征以达到同步的效果。"共实"在

先，同步在后。"共实"更多指对情境和暗示的营造，"同步"指对前一目标的注意程度。通常来说，目标越集中，越单一，"同步"的效果越好，因为力量足够大。中国的风水文化，其实就是这个哲学的实践表达。

(1)意识和潜意识在满足一定条件时可互相转化。

首先，潜意识可外化为对特定情境的意识，如李广的"超能"；其次，对特定情境的意识可内化为潜意识，如外界情境对意识的暗示。

情境是转化的关键。什么样的情境可以促成如此的转化呢？它应具有这样的特点：1)可以促使某个方面达到极点，达到极点之后才可能出现反向的一面；2)表达的主题明确、单一，但其影响力是全方位的；3)包含的所有情境元素存在着某种"既定合谐"。

(2)潜意识概念的扩展。

1)人的潜意识层次是不同的，也就是说潜意识不仅存在着个体潜意识和集体潜意识，这二者还可被细化。

个体潜意识可以包括：

①本我个体的潜意识，如弗洛伊德理论所阐述的潜意识。

②自我个体潜意识。不包含在个体意识域内的，也不属个体未察觉的自然冲动、本能、欲望等的潜意识内容。

这里的"本我"和"自我"不同于弗洛伊德的概念。"本我"指个体的生物属性及其在社会生活中所延伸出来的其他相关属性集合，"自我"指个体超出生物属性的特点及在社会生活中所延伸出来的其他相关属性的集合。

2)集体潜意识、原型理论和"共时性"。"道"作为一种"原型(道)"哲学，我们发现潜意识也应有着不同层次。

①(人类)集体潜意识。不同于单个个体生活体验过程中的任何潜意

识，而是所有人类的集体潜意识。类似荣格概念里的"集体潜意识"。①

②作为第二"存在"的潜意识。道教作为中国本土宗教，反映了极其典型的"原型"哲学。无数的神祇，是其一大特点。用佛教第八识"阿赖耶识"可以比较恰当地描述这个层次的哲学特征（否定了所有的意识之后，是对否定的否定——"无无有"）。②

③作为"第一存在"的潜意识。被道教认为是其宗教文化精髓的《五岳真形图》完全超出了"名"的桎梏，似乎是某个"情境"原型。这个情境象征着道教思想中对"宇宙"世界的认知和理解。③这个具象象征的世界就是他们修炼所要达到的那个终极世界，或者说状态是一致的。

④作为"元（智）"的潜意识。道家思想是"道"原型说。④佛教第九识"阿摩罗识"是对第八识"阿赖耶识"的否定，即将那个"无无有"的心也"放下"，即"阿摩罗识"。"阿摩罗识"转为"元智"（"法界体性智"）之后，其他各识亦随之而转，即"元智"（原初潜意识）包括其

---

①原型才是真正属于"集体潜意识"这个层次的。西方星座理论中的 12 星座和中国神秘文化里的 12 生肖等都属于这个层次的原型意象。在佛教看来，这才是第七识"末那识"——对眼、耳、鼻、舌、身、意六种意识的否定状态——所达到的境界，非终极潜意识。人类还可以通过宗教的神秘方式达到更高的潜意识状态。

②在苏非主义宗教哲学家伊本·阿拉比眼中，安拉的 99 个美名，都是完整的对"安拉"不同"美德"的规定性。它们每一个都可被称作"lord"。这些"美名"作为原型的意象，是它所象征的原型"lord"的意象。Lord 是第二层的终极意识，在这一层，有无数的原型意象，99 个"名"只是象征其多。道教作为中国本土宗教，反映了极其典型的"原型"哲学。无数的神祇，是其一大特点。中国的符咒文化中，道教文化占有很大的比重。"太上老君""紫霞真人"等等都是这个层次的意象。

③在这里，众多的"lord"不再是世界的主宰，世界被简洁地表达为一个"情境"或者说状态。在这个世界里依然有"金、木、水、火、土"原型意象，象征着它们所构成的世界，它们是统一的，缺一不可的。

④《道德经》："孔德之容，惟道是从。道之为物，惟恍惟惚。惚兮恍兮，其中有象；恍兮惚兮，其中有物。窈兮冥兮，其中有精；其精甚真，其中有信。自今及古，其名不去，以阅众甫。吾何以知众甫之状哉？以此。"

他八识，但都只是"元智"的微妙反应。

由此可见，荣格所论述的"集体潜意识"和他对这个层次的"潜意识"原型的认知、描述，只是"潜意识"中极小的一部分。他描述了原型这种先存的形式构成，在人类"集体潜意识"这个层次上，原型赋予某些心理内容以独特的形式，组成了一种超个人的心理基础，普遍地存在于我们每个人身上，并且会在意识及潜意识的层次上，影响着我们每个人的心理和行为。这是有道理的。但是，如果不把对原型的理解局限在只是人类"集体潜意识"中，那么，原型是普遍存在着的。

荣格用原型意象来描述原型将自身呈现给意识的形式，但荣格也一直努力区分原型与原型意象的不同。在他看来，我们的意识无从认识原型，但是可以通过原型意象来理解原型的存在及意义。于是，我们可以把原型意象看作是原型的象征表现。潜意识内容之所以可能被觉察，是因它以意象的象征形式呈现给意识。这样，意识对象征有所反射，从而把意向指向象征，并力求去理解它。这就迫使心理去同化象征中所包含着的一层或多层潜意识内容。这使意识和潜意识有了必然的交集。

荣格还用"共时性"概念来对超自然的现象进行描述。他曾写道："众多事情难以预料地凑合在一起，使得视概率为一决定性的因素之观点，很难成立。"这使得他一直寻求一个理论性的概念来说明这种超自然现象，于是他用"共时性"来描述这种心理状态与客观事件间的非因果关系。

因果关系是我们平常的思维定式，即是说一件事的发生是有原因有结果的，更简单地说因果关系是描述了事件的前后联系。而荣格提出的共时性原则却是非因果关系的，认为是无因无果，是一种平行的关系。简单说是对众多事件间无因果关联的一种处理。然而，我们在研究中国宗教文化心理现象的过程中，却发现所谓的"共时"其实具有更深刻的意义和作用，它还包括"共实"的意义，也是我们所想要表达的"潜意识的泛化"思想。

意识新解：意识就是一个反观"自我"，认识并实现"自我"的过程。这个"自我"叫作"潜意识"，也是中国宗教文化的精髓。

3. 反映人类心理认识发展阶段的中国宗教文化典型

符咒文化：基本上只是反映了人们的意识对于象征的初步认识。由于了解了语言和形象的力量，所以用语言来构造一些象征，从而达到"以言制象"或者说"以象制象"的目的。

占卜文化：象征的方法用得久了，人们发现象征元素背后其实有某些共性，所谓的实质是相同和相似的，所谓的"共实"概念就是这种哲学的表达。《周易》六十四卦就是这种世界观的表达。人们试图"察象以知实"。事实上，这种占卜文化流传至今。

风水文化：人们逐渐认识到以外力来压制和打击某些力量并不是特别有效的方式，于是在"察象知实"的过程中修正了一些对于宇宙和世界的认识，改变了思维方式，转而"设象达实"。风水文化就建立在这样的哲学基础上，以它特别的风水元素人为设置某种象征，直接与人们所认知的世界本质"共实"。这是人类意识水平的一个飞跃，一个由被动防御到主动掌控的意识的转化。或者说，意识认识到了真正的来自深层潜意识的"自我"，并以这种方式到达它，达到内外合一，即中国宗教文化哲学中的"天人合一"。

总之，中国宗教文化的心理哲学衍化，不仅反映了一种人类认识自我和世界、调适人我关系、人与世界关系心理过程中的共性特点，还展示着其所由发生的本体论哲学。这种心理哲学为现代人深化对自我和世界的认识提供了整体和新颖的思路，特别是"共实"及其反向实现的概念，更可使人们在世俗生活层面掌控自我，在符合自然规律的基础上更大程度地实现心灵自由。这对于人类精神世界来说，是一个巨大的转折。

如果说之前我们对于意识与潜意识关系的结论是：不能被意识所反

映的事物是不能够被人的五感所感知的，那么此时我们可以更进一步地说，只有被意识实在地觉知了的事物——人们直觉性地认识到了其本质的事物——才能够被感知，只是人们并不知道它的被觉察，反而将这种"超越自我"及知觉放弃了，与此同时，主观性将再次笼罩主体。

结　语

什么是宗教？对于宗教的定义在很大程度上影响和制约着对宗教的研究。如何定义宗教？在此前的宗教研究中，已经不断地有专家学者和研究人员对其进行了各种的定义。但是，宗教是一个不断发展变化的过程，宗教现象也是一个丰富多彩的现象，特别是当代不断变化的宗教与世界重大问题的联系，使很多的知识分子认识到，宗教的定义必须是适应时代和社会发展的与时俱进的定义，而研究宗教的话语体系——科学宗教学学科的建立也必然既具有普适性（反映宗教具有的普适共性），又具有本土化（由不同文化背景决定）的特点。

首先，这不是数个人，而是需要数代人的共同研究和建构而达成的。其次，这种研究还必须是一种从现有事实出发的，基于人本主义的应用型研究。只有这样的研究才可能满足宗教研究所对应的宗教普适性特点。再次，在普适性的基础上还须满足中国宗教学研究的本土化要求，而所谓的本土化，就是基于中国传统文化和宗教特点的宗教学研究话语体系。当然在现阶段，这样的建构还只能是在初步摸索中。最后，一种新的学科语言，或者说一种新的文化类型的建立，没有时间或没有经验的积累是不可能逐渐和谐地统一起来的，而这个经验也不是泛泛而谈的经验，是一种基于中西方文化共有的人本主义情怀基础上的经验。

为什么说需要人本主义情怀呢？首先，文化是表现人性共性特点的；其次，在不同文化背景和传统、不同社会类型之间建立相同的学科体系，总是需要以一个共同确定的东西为出发点，而人性的共性无非就是一种人本主义情怀，甚至都不可能限定其具体的内容，所以这种情怀更多的是一种结构，是对于人性特点的同情心和同理心原则下的精神结构。

事实上，宗教学作为独立学科从西方传至中国以来，不过百年，故而中国宗教学的研究还处于相对稚嫩的阶段。因此，表现出学科发展的阶段性弱点：第一，没有经典性的理论和代表性人物出现。这里的意思是指那种可以开创一种全新的理论视界，或是创制一种新的话语体系的代表性理论和举世瞩目的人物，简单地说，就是缺乏那种具有学术式"卡里斯玛"的人物。第二，对于中国传统文化和思想的极深执念。传统需要回溯，优良传统还需继续传承，但不合时宜的，或是自有其运行规律的事物，为何不让它自然地来去呢？与其同步的是，有些人不但不实事求是地面对传统文化的种种现象，还同时对于来自西方的一些学科研究，特别是宗教心理学研究领域的先进理念和观念一力排斥。当然，不能正确对待前者的那种思维方式自然也不能正确地对待后者。第三，"言必称希腊"的思维方式。除了不能正确地看待传统文化的那种思维方式，还有就是不能正确地看待西方文化的思维方式，这也非常典型。

总体看来，如何正确地看待目前中西方宗教学的研究理念，特别是关于宗教人类学及宗教心理学的研究理念，是一个要解决的问题。但这不是一个简简单单的统一思想统一理念的事情，而是一个学科知识积累和思维视界开拓的过程。如果满足了这一点，那么还会存在那么多理念中的重大差异吗？即使差异存在着，相信也会有更多更广的相互包容和相互调谐。对于这一点，跨国界、跨学科学术研究、学术合作就是一种很有效的方式，而且将会影响深远。

附 录

PSYCHOLOGICAL STROLLING IN CHINESE FOLK RELIGIOUS CULTURE

By Yan Wu[※]

As an important method in the studies of religions, psychology of religions has in recent times attracted increasing attention. In the process of probing into the major popular Chinese folk religions, the relationship between "conscious" and "sub-conscious" has arisen for new consideration and analysis. As a matter of fact, the mutations occasioned by the integration of psychology and religious studies are amazing and to some extent herald a major shift in the understanding of humankind about themselves and perhaps usher in a new era of human spirituality.

I. The Theory of "Sub-consciousness" Revisited

Freud elevated "unconscious" [①], i.e. "subconscious" to an unprece-

---

※Translator: Chris lam.

①In Freud's view, human consciousness is comprised of consciousness, pre-consciousness and sub-consciousness. In terms of nature consciousness and pre-consciousness can be grouped into one category. They are parts of the psyche that relates to direct perception. Pre-consciousness is the content of consciousness yet to be drawn on. Sub-consciousness is incapable of being aware of by the individual but it nevertheless encompasses the individual's primordial drives, instincts and the desires relating to congenital instincts and after-birth instincts which are intimately related the biological being of the individual. These drives, instincts and desires are at loggerhead with social culture and are consequently suppressed in the state of sub-consciousness. But rather than being extinguished they continue to exist, remain pro-active and strive for fulfillment without the host's awareness.

dented height. For him, the spiritual process itself is unconscious. Thus, he asserted that the primary object of study in psychology should be the various unconscious mental processes. But the unconscious referred to by Freud is more of the manifestation of "individual unconsciousness" of "natural" persons (individual, concrete and physical) .

Jung stressed that there are noble ambitions in human spirit, not just confined to the unconscious process. He proffered the proposition that humankind possesses collective sub-consciousness which is used to express the common (human) spiritual heritage embedded in their mind.

Jung defined "collective sub-consciousness" in this way. "Collective sub-consciousness" is a part of the psyche but differs sharply from "individual sub-consciousness" in that its existence, unlike the latter, is not attributable to individual experience. Accordingly, it is not acquired by an individual. The chief constituent in "individual sub-consciousness" is the contents that we have once become aware of but have later vanished from our consciousness due to forgetfulness or suppression. By contrast, "collective sub-consciousness" has never appeared in consciousness. Hence, it is never acquired by any individual and its existence is derived exclusively from heredity. (Understanding Dream)

It follows that the "collective sub-consciousness" proposed by Jung is peculiar to humans as a "kind". The reason why we emphasize here the word "humankind" is because in our research we discover only in Jung's notion of "collective sub-consciousness" that it is confined to the realm of thought of "humankind". Although his "collective unconsciousness" cannot be perceived by human biological consciousness, Jung further believed that the content of "collective sub-consciousness" is primarily "prototype". In his view, the "prototype" is the sum of primordial experience of humankind. It stalks every one of us like fate with its impact felt in the daily life of each of us.

It is apparent in the foregoing, the prototype exists more in the philosophical significance of metaphysics. It also goes far beyond the definition of "the sum of primordial experience of humankind" proffered by Jung. Thus, we can say that the archetypal source of "collective sub-consciousness" originates from "the sum of primordial experience of humankind" but is not limited to that. Perhaps, there is still plenty of room to further develop the theory of Jung's "collective sub-consciousness". Certainly the conclusion drawn here puts a gloss of "mysticism" more or less on the empiricist analysis of the psychology of Chinese religious culture.[①]

II. A New Analysis of "Sub-consciousness", "Prototype" and "Synchronicity"

In the Han dynasty in ancient China there was a famous general called LI Guan with the eulogizing nickname of "the flying general". There was a legend about him which has hitherto remained a myth over the centuries.

It was reported in the chapter of the "Biography of General Li" in "Shi Ji"[②], which is the most famous gargantuan work of the monumental historical

---

① 威廉·詹姆斯曾说:"1.神秘状态得到充分发展之时,通常是——而且有权利成为绝对权威——完全支配经验它们的那些个体。2.神秘状态无权强迫外人承担义务,让他们毫无批判地接受它们的启示。3.神秘状态打垮了非神秘主义或理性意识的权威,这些权威仅仅建立在理智和感官的基础上……为了维持生命,我们内心事物总会对神秘状态做出反应,因此,我们可以自由地继续相信这种真理。"〔美〕威廉·詹姆斯:《宗教经验之种种》,尚建新译,华夏出版社 2005 年版。

② "Shi Ji" is the first general history of China in the form of biographic chronicles. It was written by Sima Qian, a historian from the West Han Dynasty. He made his selections from a wide range of subject matter and wrote in a robust and earnest style. "Shi Ji"is widely recognized as a historical writing rich in contents and details and ranks as the top of the "Twenty-four Historical Writings".

events and figures in ancient imperial China written by Sima Qian, a historian in the Han Dynasty. The legend went, "In one evening, the flying general Li Guan approached a forest on the hillside riding on his horse. Suddenly he saw a tiger crouching on the ground. Before he had clear sight of the object, he had already instinctively mounted an arrow on his bow and fired a shot. The arrow went straight into the body of the tiger which remained motionless. On close approach Li discovered that the tiger was in fact a big rock with stripes on it and that his ar-row had indeed penetrated the rock with its tail exposed on the outside."

Different interpretations about this legend have subsequently been proffered. Some suggested, "Faith can move mountains." [1]

But some countered by relying on two stories in "Vol. 5 of Xijing Zha Ji" ("West Capital Anecdotes" [2]) in rebuttal. Incidentally these two stories were the most proximate ones from the dissentients.

The first story

"Long ago a person took a voyage on the East Sea. Gusty wind suddenly blew across the sea. Due to the rough sea the crew lost control of the vessel. Eventually the vessel rode along on the crest of the waves and drifted to some place unknown. After drifting for one whole day, the passengers on board saw a small island and became overjoyed. They lowered the anchor and ropes and moored by the island. They started cooking on the island. To their complete surprise the island had dis-

---

[1] See "On Perseverance The Chapter of Feeling Empty" by Wang Cong of the Han Dynasty, "精诚所至,金石为开"。

[2] "Xijing Zha Ji" ("West Capital Anecdotes" is a motley collection of stories in the form of notes in ancient China. The "West Capital" refers to Changan, the capital of the West Han Dynasty, which is known today as Sian. The book focused on the mixed history of the West Han Dynasty containing both historical reports and many anecdotes. It was written by Ge Hong who was a famous alchemist.

appeared before their food was cooked. There were signs that the vessel was being dragged down into the sea. Those who remained on board immediately cut loose the ropes. The vessel again drifted along with the wind and waves. What the passengers had initially taken for an island turned out to be a big fish which, owing to the pain inflicted upon it by the cooking fire, became enraged and dived swiftly into the sea. All those ten odd passengers who had landed on the island perished. The second story

Also, I know of a woodchopper named Chen Gao who went to work in Zhongnan Mountain. It was dusk when he returned home. When he was close to home, he passed by the tomb of Prime Minister Zhang. In the dark he mistook the stone horse standing by the tomb for a deer. He proceeded to chop it with his axe. In consequence, the blade of the axe was jagged, the handle was broken but the stone horse remained intact. In these two stories the protagonists displayed sincerity in what they did. In the end they drowned and the axe was broken but no mountain was moved by their faith." [1]

The purported rebuttal attempted in these two stories was not convincing for the following reasons:

1. Difference in the subjects in whom the "consciousness" emerged.

Where the subjects in whom the "consciousness" emerged were different, it means that the contents of the "consciousness" of the three main characters

---

①余尝以问杨子云,子云曰:"至诚则金石为开。"余应之曰:"昔人有游东海者,既而风恶,船漂不能制,船随风浪,莫知所之。一日一夜,得至一孤洲,其侣欢然。下石植缆,登洲煮食。食未熟而洲没,在船者斫断其缆,船复漂荡。向者孤洲乃大鱼,怒掉扬鬐,吸波吐浪而去,疾如风云。在洲死者十余人。又余所知陈缟,质木人也,入终南山采薪,还晚,趋舍未至,见张丞相墓前石马,谓为鹿也,即以斧挝之,斧缺柯折,石马不伤。此二者亦至诚也,卒有沈溺缺斧之事,何金石之所感偏乎?"子云无以应余。

above were not the same. Or, put in a different way, their prototype image expressions were different (according to the five typical prototype images in Jung's analysis, the prototype image is capable of expressing both the conscious and the sub-conscious.). In mundane language, differences in points of interest and levels of intensity in attention make all the differences.

2. Difference in the degree of level of intensity of emotion outburst.

In the story of Li Guan, a tiger was known to eat humans. Such risk was most imminent, perhaps not later than a second. Thus, Li Guan's shooting of the arrow was astonishingly speedy. It was an outburst after long hard training.

In the second story there was also imminent threat of death. It differed from the first one in that this threat was less urgent. It was just a possibility. Accordingly, viewed from the angle of emotion, the passengers did not have to move into a state of alert. They remained in a somewhat relaxed and casual state.

There are two key points in the third story. First, since there was no question of life and death, there was no question of outburst. It may even be said that the goal of the wood chopper was neither here nor there. Secondly, even if it was the outburst of a small universe, the optimal exploding point could be missed because of the speed factor. Here in this story Chen Gao used an axe. No matter how fast his hand could move, it could not go faster than the flash of an idea, that fleeting consciousness. In other words, Chen Gao's state of consciousness was different from that of Li Guan. According to the remainder of the legend reported in Shi Ji, Li Guan himself was also amazed at what had happened. He replicated his previous act but with totally different outcome. For him, it was the same subject, the same arrow speed, but he could not achieve the same feat. The reason was simple. Different situations give rise to different states of mind. Or, perhaps, one should say the levels of intensity of "consciousness" and "sub-consciousness" reached were not the same.

Thus, the essence of "faith can move mountain" should be "utmost sincerity makes a person extraordinary". In psychological experiment, "sincerity" as a state of mind will lead to 2 conditions:

1. "Belief". Deeply held beliefs allow "consciousness" to completely open up the channel to receive external information. The suppression of "unconscious" is thereby reduced to the minimal with the possibility of being externalized.

2. Great passion not only unifies the levels of intensity of "consciousness" and "sub-consciousness" but also confines attention within narrow ambits. Or, perhaps, we should say it excludes other consciousness and thoughts than the target of attention.

We have also noticed another problem. The reason why Li Guan achieved the extraordinary state of transcendence that many religious people tirelessly strive to attain was merely because he was laboring under a misconception of life and death mistaking a rock for a tiger. This heightened emotion allowed him to directly deploy his own sub-consciousness and to turn it into the temporary substitute consciousness. The fall of darkness and the howl of the wind over the grass made an impact on Li Guan. In fact it gave rise to a situational psychological suggestion, leading him to perceive the rock as a tiger.

The interchange of consciousness and sub-consciousness was most apparent there. Such interchange works in 2 ways:

1. The sub-consciousness is externalized into the consciousness of a specific situation. For example, Li Guan appeared to have "super power".

2. The consciousness of a specific situation is then internalized into sub-consciousness. For example, the suggestion that the external situation im-

ports to the consciousness (like the situational suggestion in the story).

Lao Tsz, the renowned founder of Taoism in China, wrote in the first chapter of "Tao Te Ching" ①, "The Tao that can be told of, is not the Absolute Tao. The Names that can be given, are not the Absolute Names...Therefore:② always without desire we must be found, if its deep mystery we would sound; But if desire always within us be, its outer fringe is all that we shall see.③These two (the Secret and its manifestations) are (in their nature) the same; They are given different names. When they become manifest. They may both be called the Cosmic Mystery:④ (see diagram 1 yin yang yu)

Diagram 1

As shown in the diagram, we can see that if "without (meaning non-existent or hidden, latent) desire (meaning thought or idea, or consciousness)" is regarded as sub-consciousness, then the contents of the small circle in the diagram represent "without desire" which is the macro-part of the "mystery". Or, generally speaking, the sub-consciousness is externalized into the consciousness of a specific situation. And the shape of the circle represents the "specific situation". In a similar vein, if "with desire" is interpreted as consciousness, then the other circle in the diagram represents "with desire" which is the mi-

①The Tao Te Ching; by Lao Tze.

②The Tao Te Ching; by Lao Tze; Translated by Lin Yutang; http://www.eywedu.com/Laozi/095/index.htm.

③Tao Te Ching; by Lao-tzu;J. Legge, Translator (Sacred Books of the East, Vol 39) [1891]; http://www.sacred-texts.com/tao/taote.htm.

④The Tao Te Ching; by Lao Tze; Translated by Lin Yutang; http://www.eywedu.com/Laozi/095/index.htm.

cro-outer form of the "mystery". In psychological terms, the situational con-sciousness of an individual is internalized into sub-consciousness.

The 1st chapter of Tao Te Ching says, 'From "Xuan"（玄）to "Xuan"（玄）(from mystery to deeper mystery), that is the gate to the secret of all lives.' [1] In Chinese language the word "Xuan"（玄）also means "circle" or "round". It has the same pronunciation and bears the same meaning as another word "Xuan"（旋）which an interchangeable word and which means "spin". Why was it said that "that is the gate to the secret of all lives"? If we view this "circle" as some kind of situation/context, that is to say this kind of situation be-ing the root cause of consciousness and sub-consciousness, we can see that this philosophy poses two questions, namely.

1. In what situation can consciousness and sub-consciousness be engen-dered?

2. Since it is the "circle" that spins, we are entitled to ask whether these 2 circles would overlap. In psychological terms, when will consciousness and sub-consciousness overlap and merge into synchronous consciousness of high consistency?

Situation is the key to these problems.

What is situation? What conditions must a situation that engenders con-sciousness and sub-consciousness satisfy? If we say, "Being is only a latent concept"（Hegel）, consciousness and sub-consciousness are a fortiori such "Being", philosophical "Being". Newborn consciousness and newborn sub-consciousness are an "One"（一）. "One" is "Being" concretized with a

---

[1] The Tao Te Ching; by Lao Tze; Translated by Lin Yutang; http://www.eywedu.com/Laozi/095/index.htm.

name or with a certain definition. The condition of its formation is "situation". Chapter 40 of Tao Te Ching says, "Reversion is the movement of "Tao". Gentleness is the application of "Tao". All matters in the universe are originated from "Being" and "Being" from "Non-being". [①]What it means is that:

1. Things of the adverse nature constitute the driving force of change.

2. The course of change for powerful things generally is in the opposite direction.

3. Adverse nature arises from within.

4. This process of change follows "Tao".

These 4 propositions aptly explains the formation of "One". When applied to psychology, "One" as the situation plays the regulatory role with the following characteristics:

1. It facilitates a certain aspect to reach the height. Only after reaching its height, will it move in the opposite direction.

2. The theme expressed by situation is clear and singular. But its impact is comprehensive (language is merely a contributing factor).

3. All the elements comprised in situation contain some kind of "established harmony".

One may say sub-consciousness evolves into "consensus" and the same substance is externalized into "synchronic", i.e. synchronization. It is capable of being put in reverse operation so as to attain synchronous consensus of consciousness and sub-consciousness in a specific situation.

Up to this point we can observe in "One" the following facts:

1. Human consciousness is completely altered by the situation he perceives.

---

①The Tao Te Ching; by Lao Tze; Translated by Lin Yutang; http://www.eywedu.com/Laozi/095/index.htm

2. Human body, shape and consciousness at a certain point are transformed into a completely unified whole, into a "One".

3. "Supernatural" phenomena do happen.

4. Sub-consciousness is a fairly natural, normal and logical thing but manifests itself.

symbolically in the phenomena of the sphere of consciousness (hence also similar to the

prototype it symbolizes – "consensus" and extraordinary "supernatural" events.

It is plain that the most effective method to stimulate and enter the subconscious state is through "suggestion". That is to create a new situation in a person's sub-consciousness by means of sensory cues through language and to develop the same. The effect of suggestion is enormous capable of being positive as well as negative. Also consciousness renders no resistance to it.

In the discussion above, all the examples involve the use of sensory cues.

However, human beings have systems of symbols of different kinds, shapes and forms. In these systems of symbols language and words without a doubt constitute a very important mode of transmission of information. In Chinese religious culture there is an Operation Incantation and Psychology[1] and similar spells with the function of achieving some kind of mental/psychological state by means of

---

[1] In ancient time witchcraft was called the craft of "Zhuyou", a respectable profession. It used to be the name of an office bestowed by Xuan Yuan Huang Di, the first Emperor in Chinese history and the inventor of the compass. In those days the practitioners of the craft of "Zhu You" were highly educated and well respected. The craft included the use of herbal medicine as a method of curing diseases through charms and spells. "Zhu" means spell and "You" the cause of disease. This method of cure was widely spread in Chinese and passed down from the master to his disciples through oral instructions. (http://www.iciba.com/祝由术).

language （spell）.

Chinese characters originated from pictographs with shapes, sound, meaning and number. In other words they contain both forms and spirits. Every character corresponds to the hexagrams of I-Ching. Accordingly, each Chinese character amounts a "mini-Universe （Tai Chi）". [1] From the ancient Chinese characters to the modern ones, their use by countless number of people over several thousands of years has reinforced their thoughts and belief in these characters, thereby clothing them with more suggestive power. To some extent, these characters have a direct effect on the sub-conscious through vision.

Humans not only can use spell to penetrate the body but also can cure diseases with it. They can even use them in a language to express a certain meaning and significance so as to awaken the subconscious, i.e. to construct a context in order to achieve the goals of fundamental cure control. Some studies have revealed that the most important way to awake the subconscious is the method of situational suggestion. Thus, the use of spell is to construct on the basis of language a figurative context with words. The sub-conscious does not exist in isolation. Without consciousness there can be no sub-consciousness. All that sub-consciousness ultimately aims at achieving is the same results as consciousness aims at achieving. That is why this converging point is the important point at which consciousness and sub-consciousness are completely unified and plays a key role.

---

[1] In Chapter 2 of "I-Ching Xi Chi II"《周易·系辞下》a narration of the origin of the hexagram was proffered as follows, "古者包羲氏之王天下也, 仰观象于天, 俯则观法于地, 观鸟兽之立, 舆地之宜, 近取诸身, 远取诸物。于是始作八卦, 以通神明之德, 以类万物之情"。These words explain that when Fuxi was the ruler, he integrated the operational rules of astrological phenomena, nature and wildlife, etc. into the hexagram for the purposes of communicating with the deities and understanding the whole universe.

The following examples provide good illustration.

1. Dress Curse

"At the break of day, knock teeth, put on clothes and chant, "Virgin Lad Xuan Ling（玄灵）on the left, Virgin Lass Yu Ying（玉英） on the right. Put the crown me and protect my body. All evils discharged and ghosts are stripped of their energy. Whoever dares hurt me will be destroyed by the gods. This is an order of grave urgency."

The structure of this spell is apparent.

In the 1st example, first, there is description of a "name" or conjuration of the image of some specific object in the consciousness. Next, express one's intention to this specific object in very clear and certain form of command. Thirdly, emphasize this intention by adding on the images of higher spirits, i.e. "Tai Shang Lao Jun", the "Virgin Lad and Lass". These images in the sub-conscious belong to a plane of sub-consciousness higher than the "collective sub-consciousness" of humankind. In relation to low-level sub-consciousness, they are even more different than consciousness with greater influence on the latter.

Thus far, we have observed that the entire spell is actually the setting of a situation in which the caster of the spell creates a virtual reality and the possible outcomes. It gratifies the craving for security in the consciousness. However, since this consciousness is a merely conjuration without a situation arising from the world of real objects in consciousness, the perception of such situation by the conscious has always remained in a state of internalization, that is, internalization of personal consciousness. This kind of consciousness is akin to personal sub-consciousness but with a distinction. How are the two integrated into one? It is by way of simple repetition of the spell.

According to the above analysis, many Taoist and Buddhist scriptures, chanting of the names of ghosts, gods, heaven and stars, prayers, oaths, recitation of poems, texts, the sixty-four hexagrams and nursery rhymes, etc. can be regarded as different forms of spell with the effect of attaining different levels of consciousness.

The most typical example of nursery rhymes can be found in the writings of Lu Xin,

"Some spirit comes and calls upon my soul.

He who makes the call takes the blow.

When the call draws no response, he must carry the tombstone on his head.

The stone turns him into a lonely soul.

Further call means further blow.

Hurried call for him to home he goes.

Remove the stone from the head.

With it he makes a Zhongshan tomb instead.

Nothing to do with me,

Call on the soul but nothing goes.

Further call means further blow."

But this type of spell differs from those previously mentioned in its effect. The biggest difference lies in the absence of invocation of prototype images of a higher level. Questions are raised and solved, even by extreme means, on the level of internalized consciousness. Or, perhaps the method of solution is fight violence with violence. By comparison, the contents are detailed. Similar things are repeated many times. But it is obvious that it is a method of solving problems by relying on one's power of consciousness. This has something to do with the chanter or the charm. Nursery rhymes, by necessary definition, are to be chanted by children. In the eyes of Yin–Yang philosophy children are newborn, inundated with Yang and full of potent energy. It is even believed that the urine of children possesses medically curing effect. Allowing them to do the chanting carries more effect than any other person.

In comparison with different types of spell above, whatever the level of image and consciousness may be, they transmit a clear and simple message which, on a certain level, is an irreversible message. Certainly in relation to shifting consciousness, this is "What should end does not end, chaos is inevitable." [1] Here there is also the significance of singularization, stabilization and affirmation of a goal. That is "sincerity", the question of intensity.

When reduced into writing, spell becomes charm. That is to transform the sound of spell into words. "I–Ching" is the example par excellence. Charms are deeply embedded in China's ancient religions, folklore, and even in production, economy, military affairs, politics and the daily lives of the people.

There are magical curses [2]designed to injure people. This type bears some semblance to the black magic and quasi–sorcery. The word "black" connotes the intention to injure other people. The reason to coin it "quasi" is because this type of charm and spell attempts to simulate a situation which resembles the situation in its imagination. (It merely resembles and is not the same.) But in the story Jiang Tai Gong was the one who practised the spell. He shot an arrow at the portrait of Ding Hou. Let us recap the events. The arrow injured the portrait of

---

①Chinese sayings.

②传说厌胜之术始于姜太公。《太公金匮》中说,周武王伐纣,天下归服,只有丁侯不肯朝见,姜太公就画了一张丁侯的像,向为张像射箭,丁侯于是生起病来。当他知道姜太公捣的鬼,便赶紧派使臣去向武王表示臣服。姜太公在甲乙日拔掉了射在画像上的箭,丙丁日拔掉了画像眼睛上的箭,庚辛日拔掉了画像脚上的箭,于是丁侯的病就好了。

Ding Hou but he himself did become sick. Put more simply, the portrait of Ding Hou was damaged but the real person fell sick. The meaning here is two-fold. First, to damage a person's portrait amounts to injuring the prototype of the portrait. Secondly, the act of damaging a person's portrait can be horizontally translated to the real person causing him real injury. These two meanings can be explained in terms of religious psychology. With regard to the first meaning, there are two explanations. In Chinese Yin–Yang philosophy the shadow of a person falls into the province of Yin. Damage to that is equivalent to injury to the physical body of that person. Next, a portrait is the split image of a person or a prototype. According to Taoism, it is no different from a photograph. It is the "Yang", i.e. essence of a person. When the "Yin" is destroyed, the "Yang", its form and host, can live no more. With regard to the second meaning, the process of damaging a person's portrait involves a specific object, a specific act and a specific outcome. Whether this act occurs in consciousness facing the real world or in the world of sub-consciousness, this suggests the happening of a very similar causal relationship. In other words, it is a symbolic causal relationship. It corresponds with or runs parallel to a similar causal relationship that will occur. It is parallel because it occurs at a different level of consciousness. It is similar because it bears similarities to the specific object, the specific act and the specific outcome. This is a relatively complicated process, and delicate indeed. But it also indicates that the Chinese understanding of the world of sub-consciousness and its application has reached a fairly advanced stage.

Jung's theory of "synchronicity" can explain part of this process, but only to the extent of the parallel part. It cannot explain that the process can manifest itself as a relationship of causal parallelism, which is a relationship without a fixed time sequence but capable of infinitely repeating and re-inventing itself.

That is to say, the so-called "synchronicity" should be explained in terms of "consensus" because without the time sequence, both forward and reverse operations are possible and thereby able to "achieve consensus". Through repetition the various elements of "this" process are able to achieve the goal of realizing "that" process. We can term it as "externalization of the psychological process of the sub-conscious" and the "manifestation of the internalization of the psychological process of the conscious". This psychological analysis can be applied to explain "mutual induction" and "imitative" witchcraft and divination in religious anthropology.

It is plain that in the religious activities of the Chinese people, at least in the area of charms and spells, it is no longer through the direct "command" to realize a simple demand in a simple way. People achieve more complicated goals with more subtle techniques. This is a great leap forward in psychological processes.

In the Taoist culture in China there is a charm chart of utmost importance, i. e. the "Wu Yue Zhen Xing Tu" (the Diagram of the True Form of the Five Summits").

Look at the diagram clockwise. The Northern Summit Heng Shan symbolizes water, the Western Summit Hua Shan gold, the Central Summit Song Shan earth, the Eastern Summit Tai Shan wood, and the Southern Summit Heng Shan fire. This is the micro-gram of the universe as understood in Taoist world outlook. It is also the ultimate of the Taoist cognition and practical application of the "collective consciousness" and "sub-consciousness" in terms of our analysis. This "Taoism" has already transformed into the "Tao", a way and a formalistic "Taoism" which is a departure from the "Truth" or "Pure Form Tao" advocated by Lao Tsz and Chuang Tsz. According to our philosophy of psychology, this kind of cognition only reaches the state of "Being" in the "sub–conscious". There are numerous prototypes and images of prototypes in this state. That is precisely why there are so many deities in the Taoist religion.

The "Wu Yue Zhen Xing Tu" is so revered in the history of Taoism is because of their ultimatization of the religion's cognition and application of "sub–consciousness". This type of "Taoism" has completely transformed into "Tao", a way and a formalistic religion and not the "Truth" or "Pure Form Tao" advocated by Lao Tze and Chuang Tze.

Why is it a way or form?

"Hua Shan", "Tai Shan", "Heng Shan", "Heng Shan" and "Song Shan" are real objects that exist in the human "real" world, a world which can be experienced in human consciousness. They constitute a situation through which Taoism symbolically expresses its view of the universe. In the view of the Taoist, this symbolic world is the ultimate world for which they set out through disciplinary training. Put differently, it is a state of consistency. Here the so–called theory of "synchronicity" is engaged and a new concept of "consensus" is proffered.

It can be argued that in the evolution of "sub–consciousness" into "consensus", its externalization assumes the form of "synchronicity". (Here "consensus" and "synchronicity" are furtherance of the interpretation of Jung's theory of "synchronicity".) It is capable of reverse operation so as to be able to arrive at the "synchronistic consensus" of "consciousness" and "sub–consciousness" in a specific situation.

Chapter 25 of the "Tao Te Ching" says, "Before the Heaven and Earth existed/There was something nebulous:/Silent, isolated,/Standing alone, changing not,/Eternally revolving without failure./I do not know its name/And address it as

Tao./If forced it a name, I shall call it "Great"./Being great implies reaching out in space,/Reaching out in space implies far-reaching,/Far-reaching implies reversion to the original point … Man models himself after the Earth:/The Earth models itself after Heaven;/The Heaven models itself after Tao;/Tao models itself after nature."

How to "learn"? It is done by conjuring up the image of the relevant situation so as to achieve the effect of "synchronicity". "Consensus" comes first and is followed by "synchronicity". "Consensus" points more to the invention of situation and suggestion. "Synchronicity" means the level of attention to the previous goal. Generally speaking, the more focused the goal, the simpler it is, the better the effect of "synchronicity", all because of the sufficient potency of the power.

The Chinese culture of Feng Shui is actually the practical expression of this type of philosophy. The "True Form of the Five Summits" above is an example of that.

SUMMING UP

1. "Consciousne ss" and "sub-consciousness" are interchangeable upon the satisfaction of certain conditions.

First, it is manifestation. "Sub-consciousness" can be externalized into "consciousness" of a specific situation, for example, Li Guan's "super power". Secondly, "consciousness" of a specific situation can be internalized into "sub-consciousness", for example, the suggestion by the external environment to "consciousness" (see the discussion of spells).

Situation is the key to the interchange. What situation can lead to such change? The following features must be present:

a. The situation must be such that it can push a certain aspect to the extreme whereupon it can turn into the reverse.

b. The theme of manifestation is clear and singular but its impact is comprehensive (language is merely one of the triggering factors).

c. The elements constituting the situation must contain a certain "established harmony".

2. Expansion of the concept of "sub-consciousness"

A. Individual "sub-consciousness" and its development

In the discussion in Part Two, it was demonstrated that there are different levels of human "sub-consciousness". That is to say, "sub-consciousness" does not merely exist in "individual sub-consciousness" and "collective sub-consciousness" (Jung). These two realms can be further refined.

"Individual sub-consciousness" can encompass:

a. "Id" sub-conscious: such as the theory of "sub-consciousness" expounded by Freud, which is dominated by the body's natural function rather by individual's perception.

b. "Self" sub-conscious: which is neither contained in individual consciousness nor part of the contents of "sub-consciousness" such as natural impulses, instinct, desire, etc. of which the individual is not aware.

The concepts of "id" and "self" are different from those expounded by Freud. Here "id" refers to the biological properties of an individual and their extension which mix with the other related properties in social life. "Self" refers to the individual properties beyond the biological characteristics and their extension which mix with the other related properties in social life.

B. Extending the theories of "collective sub-consciousness", "prototype" and "synchronicity"

From the "Taoist" philosophy in the philosophy of psychology of Chinese religious culture as a kind of philosophy on "prototype" ("Tao"), we can find that "sub-consciousness" should have different levels:

a. human collective sub-consciousness

It is different from any sub-consciousness in the individual's life experience process. It is the sum total of the collective sub-consciousness of humankind, which is similar to Jung's concept of "collective unconscious".

b. sub-consciousness as the second "Being"

Taoism as an indigenous religion of China reflects its most typical "prototype" philosophy. One of its major characteristic is the countless number of deities. The Alaya of Buddhism is a more appropriate description of this level of philosophical features (it is the negation of negation after denial of all awareness).

c. sub-consciousness as the first "Being"

The "True Form of the Five Summits" which is considered by Taoism as the essence of its religious culture completely surpasses the shackles of "name" and appears to be the prototype of a certain situation. This situation symbolizes the perception and interpretation of the "universe" of the Taoist thoughts. This symbolic world is precisely the ultimate world that they aspire to reach through disciplinary training.

d. sub-consciousness as the Origin (Wisdom)

This is the theory of the "prototype" in Taoist thoughts. Buddhism "amala vijnana" (the ninth consciousness) is the negation to "alaya vijnana" (the eight consciousness). That is the subconscious setting down the mindset of "non-nothing", i.e. "amala vijnana". When "amala vijnana" is transformed into the Origin or Wisdom (originally subconscious), the other is also the other parts also follow suit and become transformed. That means the original sub-consciousness includes eight other aspects of consciousness which are subtle reactions to the attainment of the Origin.

Seen in that light, Jung's discussion of "collective sub-consciousness" and the cognition and description of the "prototype" of the "sub-conscious" at that level could only constitute a minute part of "sub-consciousness".

Jung described the composition of the "prototype" as a pre-existing form. On the level of human "collective sub-consciousness" the "prototype" provides a unique form to certain mental content, forms a transpersonal psychological basis and influences our psychology and behavior as individuals on the levels of "consciousness" and "sub-consciousness". This is well justified. However, if the understanding of the "prototype" is not confined to human "collective sub-consciousness", then the "prototype" plainly enjoys universal existence.

The "prototype" image was applied by Jung to describe the form in which the "prototype" presents itself to consciousness. But he always tried hard to differentiate between the "prototype" and the "prototype" image. In his view, although our consciousness is not able to understand the "prototype", we can understand its existence and significance through the "prototype" image. Thus, we can treat the "prototype" image as the symbolic representation of the "prototype". The reason why the contents of "sub-consciousness" can be perceived is because it presents itself in the form of symbolic image of the "prototype" to "consciousness". This way, there is reflection by "consciousness" of the symbol and directs intent at the symbol making efforts to understand it. This compels the mind to assimilate a layer or multiple layers of the contents of "sub-consciousness" encompassed by the symbol. This brings about the inevitable meeting of "consciousness" and "sub-consciousness".

Jung further used the concept of "synchronicity" for his description of the supernatural phenomenon. He once wrote, "Many things cannot be expected to be put together. It is difficult to form the view that probability is a decisive factor." This drove him on to find a theoretical concept that can explain this kind of supernatural phenomenon. Thus, he used "synchronicity" to describe the non-causal relationship between this type of psychological state and the objective events.

Causality is one of our common mindsets. We believe there is cause for and consequence of an event that has occurred. Put more simply, causality describes the nexus between what happens before and after an event.

Yet the principle of "synchronicity" proffered by Jung was non-causal. For him, it is a parallel relationship without cause and consequence. In simple terms his principle is a way to deal with the non-causal association of many events. However, in our study of the psychological phenomena in Chinese religious culture, it is discovered that the so-called "synchronicity" actually possesses profound significance and effect. It embraces the meaning of "consensus" and the idea of "generalization of sub-consciousness" that we wish to express.

3. New Understanding of "consciousness"

"Consciousness" is reflective process as well as a learning and actualization process of the "self". The "self" is known as "sub-consciousness". It is also the essence of Chinese religious culture.

4. The archetype of Chinese religious culture that reflects the developmental stages of human psychological cognition

A. The spell culture: It basically reflects the preliminary understanding of symbols by people's "consciousness". By reason of their understanding of the power of language and image, they can use language to construct some symbols so as to the goal of "controlling image by language" or perhaps "controlling image by image".

B. Divination culture: When the symbolic methods have been used for a long time, people realise that there is actually something in common behind the symbolic elements. The so-called "essence" is either the same or similar. The so-called concept of "consensus" is the philosophical expression of that. "I-Ching", the book of the sixty-four hexagrams in China is a representation of this kind of world outlook. It is the example par excellence of how people "try to understand the essence by observing the symbolic images". As a matter of fact, this kind of divination culture has continued unabated up to this date.

C. Feng Shui culture: people have increasingly come to realise that to suppress and strike at the evil forces by means of external forces is not particularly good or effective. They have also modified their understanding of the universe and the world in the process of "understanding the essence by observing the symbolic images", e.g., the world symbolized by the five elements, namely metal, wood, water, fire and earth as depicted in the "True Form of the Five Summits" of the Taoist. They have changed their way of thinking turning to "setting up symbols so as to reach out to the essence". Feng Shui culture is founded on this kind of philosophy. Through the unique Feng Shui elements, people set up certain symbols to establish "consensus" directly with the nature of the world as they know it. This is a great leap forward in human consciousness.

It is a transformation from a passive defence to a pro-active control in human consciousness. It may be said that "consciousness" has come to terms with the real "self" buried deeply in "sub-consciousness" and seeks to reach out to it in this way so as to achieve the integration of the external and internal. That is what is known as "harmony between man and nature" in the philosophy of Chinese religious culture.

In brevity, the evolution of the psychological philosophy of Chinese religious culture not only reflects the common characteristics of the processes of humankind's understanding of "self" and the world as well as adjustment of inter-personal relationships and the relationship between human and nature. It also demonstrates the ontological philosophy arising therefrom. This philosophy of psychology provides people in modern times with holistic and novel ideas to understand themselves and the world. In particular the concept of "consensus" and its reverse operation enable people to have better control of themselves in the secular world and to achieve a great degree of freedom of mind in accordance with the laws of nature. As far as the human spiritual world is concerned, this is a monumental turning point.

参考文献

1. 〔美〕威廉·詹姆斯：《实用主义》，燕晓冬编译，重庆出版社2006年版。

2. 〔英〕F.C.S.席勒：《人本主义研究》，麻乔志等译，上海人民出版社1966年版。

3. 〔美〕斯蒂文·洛克菲勒：《杜威：宗教信仰与民主人本主义》，赵秀福译，北京大学出版社2010年版。

4. 〔美〕纳尔逊·古德曼：《构造世界的多种方式》，姬志闯译，上海译文出版社2008年版。

5. 涂纪亮：《从古典实用主义到新实用主义——实用主义基本观念的演变》，人民出版社2006年版。

6. 佟立：《西方后现代主义哲学思潮研究》，天津人民出版社2003年版。

7. 〔英〕约翰·斯特罗克：《结构主义以来：从列维-斯特劳斯到德里达》，渠东、李康、李猛译，辽宁教育出版社1998年版。

8. 〔法〕吉尔·德勒兹著，陈永国、尹品主编：《哲学的客体：德勒兹读本》，北京大学出版社2010年版。

9. 〔法〕德勒兹、加塔利：《资本主义与精神分裂（卷2）：千高原》，姜宇辉译，上海书店出版社2010年版。

10. 〔美〕乔治·桑塔亚纳：《宗教中的理性》，犹家仲译，北京大学出版社2008年版。

11. 〔挪威〕弗雷德里克·巴特、〔奥〕安德烈·金格里希、〔英〕罗伯特·帕金、〔美〕西德尔·西尔弗曼：《人类学的四大传统——英国、德国、法国和美国的人类学》，高丙中、王晓燕、欧阳敏、王玉珏译，商务印书馆2008年版。

12. 刘放桐：《实用主义述评》，天津人民出版社1983年版。

13. 〔德〕黑格尔：《历史哲学》，王造时译，上海书店出版社2001年版。

14. 〔德〕黑格尔：《精神现象学》，王诚、曾琼译，中国社会科学出版社2007年版。

15. 〔德〕海德格尔：《林中路》，孙周兴译，上海译文出版社2008年版。

16. 〔德〕乔·威·弗·黑格尔：《宗教哲学》，魏庆征译，中国社会出版社1999年版。

17. 庄孔韶主编：《人类学经典导读》，中国人民大学出版社2008年版。

18. 〔美〕C.R.巴德考克：《莱维–施特劳斯结构主义和社会学理论》，尹大贻、赵修义译，复旦大学出版社1988年版。

19. 〔美〕伊·库兹韦尔著：《结构主义时代从莱维–斯特劳斯到福科》，尹大贻译，上海译文出版社1988年版。

20. 《马克思恩格斯全集·1844年经济学哲学手稿》（第四十二卷），刘丕坤译，人民出版社1979年版。

21. 〔法〕克洛德·莱维–斯特劳斯：《结构人类学》，俞宣孟、谢维扬、白信才译，上海译文出版社1995年版。

22. 布赖恩·莫里斯：《宗教人类学导论》，今日中国出版社1992年版。

23. 〔德〕黑格尔：《哲学科学全书纲要（1817，1827，1830年版)》，薛华译，北京大学出版社2010年版。

24. 〔英〕特伦斯·霍克斯：《结构主义和符号学》，瞿铁鹏译，上海译文出版社1987年版。

25.〔德〕韦伯:《韦伯作品集·新教伦理与资本主义精神》,康乐、简惠美译,广西师范大学出版社2007年版。

26.〔德〕韦伯:《韦伯作品集·宗教社会学》,康乐、简惠美译,广西师范大学出版社2007年版。

27.〔美〕塔尔科特-帕森斯:《社会行动的结构》,张明德、夏翼南、彭刚译,译林出版社2003年版。

28.赵敦华:《西方哲学简史》,北京大学出版社2012年版。

29.〔德〕康德:《康德著作全集·实用人类学》,李秋零译注,中国人民大学出版社2012年版。

30.金泽:《宗教人类学学说史纲要》,中国社会科学出版社2009年版。

31.〔法〕爱弥尔·涂尔干:《实用主义与社会学》,渠东译,上海人民出版社2000年版。

32.〔法〕罗兰·巴尔特:《符号学原理》,李幼蒸译,生活·读书·新知三联书店1988年版。

33.〔瑞士〕费尔迪南·德·索绪尔:《普通语言学教程》,岑麒祥、叶蜚声、高名凯译,商务印书馆1999年版。

34.〔美〕赫伯特·马尔库塞:《单向度的人》,刘继译,上海译文出版社1989年版。

35.〔法〕阿诺尔德·范热内普:《过渡礼仪》,张举文译,商务印书馆2012年版。

36.郭彧译注:《周易》,中华书局2006年版。

37.〔法〕列维-布留尔:《原始思维》,丁由译,商务印书馆1987年版。

38.Edited by Renos K. Papadopoulos. CARL GUSTAV JUNG: Critical Assessments. London and New York, by Routledge, 1992.

39. Louis Althusser. The Humanist Controversy and Other Writings. London and New York, First published by Verso, 2003.

40. Arthur Lehmann, James Myers, Pamela Moro. MAGIC, WITCHCRAFT, AND RELIGION An Anthropological Study of the Supernatural. McGraw-Hill Higher Education, 2004.